新时代管理案例丛书

战略败局

企业战略决策
失败案例分析

U0298839

谷征 ◎ 著

清华大学出版社
北　京

内 容 简 介

战略管理作为工商管理学科的重要组成部分，是站在企业高层管理者的角度，通过全面梳理和系统分析企业的目标、外部环境、内部能力等方面，鉴别出适合自身发展的方向和途径，以获取竞争优势，获得可持续卓越绩效的一门学科。战略决策失败的案例十分罕见，极具研究价值，能帮助企业管理者吸取经验教训、避免犯低级错误、提高决策成功率。本书以自主开发的五个管理案例为基础，探究和总结企业战略决策失败的共性原因，希望能为企业战略管理研究和培养我国工商管理青年才俊贡献绵薄之力。

图书在版编目（CIP）数据

战略败局：企业战略决策失败案例分析 / 谷征著 . —北京：清华大学出版社，2023.2
（新时代管理案例丛书）
ISBN 978-7-302-61855-3

Ⅰ．①战… Ⅱ．①谷… Ⅲ．①企业管理－战略管理－案例－中国 Ⅳ．① F279.23

中国版本图书馆 CIP 数据核字 (2022) 第 175862 号

责任编辑：朱晓瑞
封面设计：汉风唐韵
版式设计：方加青
责任校对：王凤芝
责任印制：宋 林

出版发行：清华大学出版社
　　　　网　　　址：http://www.tup.com.cn，http://www.wqbook.com
　　　　地　　　址：北京清华大学学研大厦 A 座　　　　　　邮　　编：100084
　　　　社 总 机：010-83470000　　　　　　　　　　　　邮　　购：010-62786544
　　　　投稿与读者服务：010-62776969，c-service@tup.tsinghua.edu.cn
　　　　质 量 反 馈：010-62772015，zhiliang@tup.tsinghua.edu.cn
印 装 者：小森印刷霸州有限公司
经　　销：全国新华书店
开　　本：170mm×240mm　　　印　　张：11.75　　　字　　数：186 千字
版　　次：2023 年 3 月第 1 版　　　印　　次：2023 年 3 月第 1 次印刷
定　　价：55.00 元

产品编号：096019-01

序言

　　战略管理作为工商管理学科的重要组成部分，是站在企业高层管理者的角度，通过全面梳理和系统分析企业的目标、外部环境、内部能力等方面，摸索出适合自身发展的方向和途径，以获取竞争优势，获得可持续卓越绩效的一门学科。

　　管理案例是商学院案例研究的支柱和载体。案例研究还原了真实企业在真实市场中的决策场景，使研究者和学习者从企业管理者角度，提炼企业面临的问题，分析其根本原因，提出切实可行的解决方案。案例研究法是理论与实践结合程度极高的研究方法，在工商管理学科的研究中被广泛使用。

　　失败的案例极具研究价值，是企业管理者避免犯低级错误，提高决策成功率的重要借鉴。企业的成功基于创新，创新基于差异化，成功的创新基于符合市场真实需求的差异化。而失败的企业殊途同归，无论是从企业性质、规模来考虑，还是以业务领域来考虑，其失败逻辑都具有共性。"成功的路有千百种，失败的路只有这几条。"深刻理解企业失败的逻辑和原因，可以帮助管理者依据前车之鉴，规避决策陷阱，减少决策失败的风险，这对企业运营意义十分重大。

　　然而，失败的企业案例非常稀缺。一方面，绝大多数企业不愿公开自身错误，以免影响企业形象。另一方面，失败企业的管理往往比较松散粗放，案例开发所需的基础材料和数据难以收集。

　　本书开发的五个企业战略决策失败案例来之不易。其中，汇源集团和A乳业公司的案例，是基于上市公司披露的数据和公开材料整理完成的，不涉及公司内部商业机密。A渔业公司为我国大型集团企业，A家政公司曾经为我国家政服务行业头部企业，涉及以上这两家公司的案例基于实际调研完成，本书已隐去企业名称和可能辨识出具体企业名称的内容。美亚汽车因已被收购，原企业不再运行，愿以其经历和教训为工商管理研究提供分析样本。

除美亚汽车外，其余四家案例企业至本书截稿时均未完败，只是因战略决策失误导致了业务发展停滞或萎缩。五家案例企业均有自救机会，但因决策者的困惑、纠结、摇摆，致使企业失去了扭转良机。采编的案例还原了企业管理者在面临外部环境变化时内部业务调整的决策过程，以问题为导向，从战略管理分析框架切入，为学习者提供了依据经典理论梳理企业战略，总结归纳战略决策失败的共性原因，发现决策缺陷的范例。

付文阁教授以师傅带徒弟的方式引领、指导了案例开发，使各篇案例理论基础扎实，应用分析严谨，直接切中关键问题，解决方案落地可行。中国农业大学经济管理学院尹金辉书记、司伟院长、任金政副院长、李军副院长、案例研发中心陈红华教授为案例开发提供了全方位的支持。向南博士为各案例的理论分析梳理和撰写规范做了大量细致入微的工作。康婷婷、赵海旭、周翔、杨智、陈婷婷为本书中各案例的开发和采编付出了大量时间和精力。由衷感谢以上领导、老师、同学一直以来的教导和帮助，也感谢中国农业大学 MBA 教育中心为案例开发和本书出版提供了资助。

本书选取的案例均被中国管理案例共享中心收录。感谢匿名评审专家们的珍贵修改建议，这确保了各案例的水平和质量。部分案例企业为案例开发提供了大量鲜活素材，创始人推心置腹、毫无保留的分享使本书内容极富代入感，祝愿各位企业家早日摆脱调整期的阵痛，实现美好的商业梦想。

在此，还要感谢清华大学出版社的朱晓瑞老师，为本书最终能够呈现在读者面前做了大量细致烦琐的工作。

本书是对企业战略决策失败共性原因的思考、剖析和总结，在撰写过程中，我对战略管理理论和企业运营的认知不断加深，实感水平有限。愿本书能为战略管理研究和培养我国企业管理的青年才俊贡献微薄之力。书中如有不足之处，恳请批评指正。

谷 征

2022 年 3 月 18 日

目录

第1章

绪论

1.1 问题导向原则

企业面临着各种问题，主要包括外部的社会问题和内部的管理问题。解决社会问题是企业存在的价值。解决管理问题能够帮助企业提高组织运行效率，更好地解决社会问题，产生社会价值和经济价值。

根据德鲁克对企业的定义，企业存在的目的就是为了解决社会问题。一个社会问题，就是一个商业机会；一个巨大的社会问题，就是一个巨大的商业机会。企业的战略、业务组合和产品结构，就是围绕社会问题展开的解决方案。换句话说，企业战略，是为解决社会问题、提供社会价值而制定的战略。

企业在运营过程中面临的是一个又一个具体的管理问题。很多企业家都会感慨，每天就像消防员一样工作，在不停地救火。这些纷繁复杂的问题随着内外部环境的变化还在不断动态变化中，迫使管理者疲于应对，很难抓住关键点。

发现有价值的问题是企业通过解决问题谋求发展的第一步。企业的决策者要像猎手一样去捕获关键问题。爱因斯坦说过："提出问题比解决问题更重要，优秀的人总能主动发现有价值的问题。"

有价值的问题常存在于以下五点中：

- ■ 关键点：企业面临的核心问题，会对运营表现产生重大影响；
- ■ 薄弱点：企业能力的短板；
- ■ 盲点：日常管理中容易忽视的部分；
- ■ 奇异点：异于常规的运营表现；
- ■ 结合点：管理流程中的衔接处。

　　战略管理的重要作用，就是解决企业发展中遇到的方向问题和管理问题。战略分析过程始终以"解决问题"为目标。为实现这一目标，应首先将企业现阶段所面临的问题逐一列举出来。由于资源有限，企业不可能把所有问题同时解决，因此要将列出的问题进行排序，精简每一阶段需要解决的关键问题，形成"问题导向＋分步解决"的思维模式。

1.2　战略管理的目的

　　战略管理作为工商管理学科的重要组成部分，是站在企业高层管理者的角度，通过全面梳理和系统分析企业的目标、外部环境、内部能力等方面，鉴别出适合自身发展的方向和途径，以获取竞争优势，获得可持续卓越绩效的一门学科。

　　战略管理的理论框架，包括使命和愿景、外部环境分析、竞争分析、内部资源与能力分析、战略选择、战略执行等。使命和愿景是企业存在的价值和意义，外部环境分析能鉴别出细分市场中可能存在的机会，竞争分析明晰了细分市场的竞争态势，内部资源与能力分析判断了组织自身的优势和劣势。结合外部环境、竞争态势和内部资源能力的分析结果，管理者才可做出理性的战略选择，匹配相应资源进行战略执行。

1.3　研究战略决策失败案例的价值

　　战略管理分为战略制定和战略执行两个部分。战略制定是企业管理者面临的首要问题，是每一个从事商业活动的人，尤其是决策人员的必修课。

工商管理学科的学科特点，要求管理知识与实践紧密结合。战略管理不是纸上谈兵，需要结合大量真实的企业案例，将知识学习与能力训练有机结合。管理案例是商学院案例研究的支柱和载体。管理案例还原了真实企业在真实市场中的决策场景，使学习者从企业管理者角度，提炼企业面临的问题，分析其根本原因，提出切实可行的解决方案。案例研究法是理论与实践结合程度极高的研究方法，在工商管理学科研究中被广泛使用。

失败的案例极具学习价值，是企业管理者避免犯低级错误，提高决策成功率的重要借鉴。企业的成功基于创新，创新基于差异化，成功的创新基于符合市场真实需求的差异化。而失败的企业殊途同归。虽然企业的性质、规模、业务领域各有不同，但失败的逻辑具有共性。"成功的路有千百种，失败的路只有这几条。"深刻理解企业失败的逻辑和原因，可以帮助管理者依据前车之鉴，规避决策陷阱，减少决策失败的风险，提高决策成功率。

然而，研究战略决策失败的企业案例非常稀缺。一方面，绝大多数企业不愿公开自身错误，以免影响企业形象。另一方面，失败企业的管理往往比较松散粗放，案例开发所需的基础材料和数据难以收集。因此，同时剖析五家具备开发条件的案例企业，归纳其战略决策失败的共性原因，对战略管理的学习者来说极具借鉴价值。

1.4　企业战略决策失败的主要表现形式

本书描述和分析的五家企业的战略决策失败，基本涵盖了企业战略决策失败的主要表现形式，包括：

- 机会导向型决策：盲目追逐市场机会，导致主营业务越来越多，大而不强；
- 固守经验型决策：依据企业过去的成功经验，企图复制过去的成功模式；
- 盲目跟随型决策：无视企业自身条件，将行业成功者的做法完全照搬；
- 无用创新型决策：为了创新而创新，没有认真研究市场的真实需求；
- 战略摇摆型决策：定力不足，在企业面临重大危机或机遇时，举棋不定；

■ **感性冲动型决策**：决策者权威较高，在缺少理性分析的情况下拍脑袋
决策。

在本书分析的各个案例企业中，均出现了以上归纳的若干种表现，这共
同导致了企业战略决策失败。在这些决策失败表象的背后，是企业能力不足，
无法有效支撑其战略选择。当企业出现了以上表现时，须格外提高警惕，及
时做出调整。

1.5　朴素逻辑与战略逻辑的关系

朴素逻辑主导了日常决策，它是自发的、不系统的逻辑过程，其特点是
跳跃的、经验式的，没有固定的分析框架。朴素逻辑最大的缺点是无法排谬，
也就是说，由于没有固定的分析框架，朴素逻辑的分析模式是跳跃式的发散
型思考，没有正确与错误的概念区分。使用朴素逻辑进行重大事项决策时，
往往由于思考不够周全，导致决策容易出现偏差。

战略逻辑区别于朴素逻辑。决策者在企业管理中面临的问题和挑战比日
常生活中面临的更为复杂。管理学与中医有类似之处，如果只是头痛医头，
脚痛医脚，往往难以起到根本作用，只有将身体当作整体来诊疗，才有可能
彻底治愈病患。

对管理者而言，如何在纷繁复杂的头绪中快速梳理出清晰的逻辑，做出
系统分析和正确决策，是其核心能力之一。企业决策者必须依据战略管理的
理论框架，掌握系统性的战略逻辑，分析组织所处的外部环境、拥有的资源
和能力，进而制定达到组织目标的最佳方案。

1.6　本书目的与结构

为归纳总结战略决策失败的共性原因，帮助学习者掌握战略管理的分析
框架、熟知战略决策逻辑和分析思路，本书深入分析了五个决策失败的真实
企业案例，侧重论述基础理论的应用过程。

　　本书第一章为绪论，提纲挈领，论述了本书的目的、内容等；第二章至第六章，依次描述了汇源果汁、A 乳业公司、A 渔业公司、美亚汽车和 A 家政公司五家企业战略决策失败的过程，以思考题作引，基于战略管理的基础理论，分别深入剖析了各家企业决策失败的原因；第七章则归纳总结了案例企业战略决策失败的共性原因。

第 2 章

汇源败局

摘　要：随着经济的发展、国民消费水平的提升，企业间的市场竞争日益激烈。为了寻求发展机会，尽可能地获得更多收益，多元化战略经营似乎成为企业追捧的经营策略。汇源果汁作为曾经的国民品牌，是国内较早的果汁饮料企业，其在创业初期快速发展，在中高浓度果汁行业具有非常大的市场优势。而随着国内外其他果汁饮料企业在国内市场崛起，国民对市场需求逐渐发生变化，汇源果汁开始面临巨大的市场压力和挑战。从国民品牌到强制除牌，从市场第一到负债累累，多年历史见证了汇源果汁的浮沉。本案例以汇源果汁被可口可乐收购失败后的发展历程为主线，梳理其战略发展逻辑，总结其陷入困境的原因，帮助学习者深刻理解多元化战略的主要内容，为意图尝试多元化经营的企业决策者提供参考借鉴。

关键词：多元化战略、核心竞争力、汇源

2.1　案例正文

香港联交所于 2021 年 1 月 18 日上午 9 时正式取消了汇源果汁的上市地位。汇源果汁，一个由普通基层村干部白手起家缔造的果汁饮料帝国，曾霸屏央视，无人不晓，市值超过 313 亿港币，在当今饮料消费市场进入黄金时代的背景下，却尴尬退市，令人唏嘘。

汇源果汁集团成立于 1992 年，从创业初期就发展迅猛。汇源果汁在 1997 年以 7 000 万元的天价中标中央电视台《新闻联播》 5 秒的广告播放权，这使汇源果汁在全国名声大噪，一举夺得"国民品牌"的称号。随后，汇源果汁又分别获得德隆、统一、达能的投资。资本雄厚的汇源果汁迅速扩张，于 2007 年 2 月成功登陆香港联交所，成为当年港交所最大规模的 IPO（initial public offering，首次公开募股），首日股价涨幅达到 66%，共筹集资金 24 亿港元。上市后，朱新礼全资拥有的汇源控股持股 39.6%，达能持股 22.18%。[①]

汇源果汁的发展拐点出现在 2009 年。与可口可乐并购失败后，汇源果汁的整个营销体系已全部瓦解，随即陷入了长达十年的战略迷茫中。2019 年 5 月，朱新礼被法院列为失信被执行人；同年 12 月，朱新礼作为有权代理人的中国德源资本（香港）有限公司被查封，法院冻结其 41 亿元资产[②]，使得汇源果汁经营陷入困顿状态。

陪伴一代人长大的汇源果汁，从叱咤风云到跌落神坛，背后的原因令人深思。

2.1.1　汇源果汁的转折点——被可口可乐收购失败

2008 年是汇源果汁历史性的一年。作为赞助商之一，朱新礼参加了北京奥运会开幕式，并在彼时结识了可口可乐的全球董事长。当时汇源果汁在国内销售体系比较健全，而且在果汁领域处于领先地位，可口可乐全球董事长正是看中了汇源果汁的这两点优势，急需借助汇源果汁，开拓中国十几亿人口的饮料市场，所以不惜开出 179 亿港元的高价，意欲全盘收购汇源果汁。[③]

彼时的汇源果汁虽然已经上市，但在与其他新产品的竞争中，汇源果汁的主打产品几乎没有迭代更新，毛利润同比降幅高达 22.2%[④]，背负着巨大的

---

① 数据来源：《朱新礼这六年：对赌、合资、出售》（《经济管理文摘》，2008 年第一期）。

② 数据来源：《41 亿资产被申请冻结！汇源集团创始人朱新礼成失信被执行人》（《大众日报》，2019 年 12 月 11 日）。

③ 数据来源：《可口可乐拟 179 亿港元完全收购汇源果汁》（《中国日报》，2008 年 9 月 3 日）。

④ 数据来源：《国民品牌汇源果汁退市，朱新礼的独孤求败》（《首席商业评论》，2020 年 10 月 9 日）。

业绩压力。更为严峻的是已接近退休年龄的朱新礼面临着公司后继无人的窘境。所以，趁着危机尚未显现，出售汇源果汁是当时朱新礼最恰当的决策。

但可口可乐欲收购汇源的消息受到了空前的反对。一项由近七万名网民参与的调查显示，82%的人反对汇源果汁被可口可乐收购①，舆论压力将收购案推向了风口浪尖。

可口可乐收购汇源案于 2009 年 3 月被商务部正式否决。这是 2008 年 8 月《反垄断法》实施之后，商务部第一次否决的外资收购案，也是当时被否定的金额最大的外资企业收购中国企业的交易案。汇源果汁的股价直接受到此负面消息的影响，于 3 月 18 日当天下降 19.42%，隔天继续暴跌 42%，第三日再跌 9.79%，仅三天时间，市值就惨遭"腰斩"，共下跌 58%。② 更令汇源果汁伤元气的是，为了这次被收购，朱新礼已经将员工数量从 9 722 人裁撤到 4 935 人，销售人员从 3 926 人减少到 1 160 人，他就这样亲手拆除了用 16 年心血搭建起的销售和管理体系。③

这次失败对汇源果汁来说是一个致命的打击，也是汇源发展史上的重大转折点。商务部否决了汇源与可口可乐的并购计划，使朱新礼没能实现转战果汁产业上游的愿望，更糟糕的是，销售端的削减极大影响了汇源果汁的正常运营。迫于上市公司业绩增长压力，汇源果汁又不得不重新投入中下游的惨烈竞争中。面对几乎支离破碎的营销体系、大量空置的厂房设备，以及社会的负面舆论，朱新礼开始重新布局整个汇源果汁的产业链。

2.1.2 上游——加大产业布局投入

朱新礼曾表示："不控制是没有办法讲品质的。品牌的生命、核心意义就是品质。"虽然汇源果汁在中国已经有了几十家工厂，但是这还远远不够，朱新礼有更大的规划，他希望通过上游产业的建设，在推动农业领域发展的同时实现对整个果汁产业链的控制。即使因与可口可乐并购失败而遭到重创，推动上游产业的脚步并未真正停止。

---

① 数据来源：《可口可乐收购汇源被否决专家称禁止理由不成立》(搜狐新闻，2009 年 3 月 19 日)。
② 数据来源：《一代"国民品牌"传奇汇源果汁迎来最后上市日》(《中国基金报》，2021 年 1 月 15 日)。
③ 数据来源：《朱新礼退场，汇源还有翻身机会吗？》(《中国新闻周刊》，2020 年 3 月 10 日)。

1. "坚定不移"的上游发展战略

上游发展是汇源果汁"蓄谋已久"的战略规划。早在 2006 年，汇源果汁就已经开始将上游发展提升到了战略高度，已开始有计划、有步骤地进行全国布局。2008 年，汇源果汁在全国已拥有 300 多万亩的优质水果基地，其原料和生产基地遍布吉林、北京、山东、河北、湖北、新疆等十几个省、直辖市和自治区。[①]朱新礼的老家淄博在 2008 年举行了全国地区工商联联席会2008（淄博）年会暨地区经济协作项目洽谈会，朱新礼在会上谈到了汇源果汁上市部分业务出售给可口可乐后的发展方向，朱新礼表示："我把上市部分的果汁饮料及罐装业务卖给可口可乐，将来可以把更多的精力和财力放到果汁产业上游。"朱新礼认为，"中国果汁行业的竞争已经升级，竞争的焦点正由下游生产环节向上游原料供应环节转移。对于源头的控制能力，是企业在竞争中胜出的关键要素"。由此可见，上游布局是朱新礼一直以来的想法。

2009 年，果汁市场竞争越来越激烈。统一在 2008 年 11 月与上海紫泉饮料工业有限公司建立了合资的桂林紫泉饮料工业有限公司，主要生产各种PET 瓶果汁和茶等热罐装饮料，同年 12 月，统一购入了中国最大的浓缩苹果果汁生产商安德利果汁 10.58% 的股权。[②]2008 年，农夫山泉推出新品"水溶 C100"，上市半年后销售额迅速攀升到 1 个亿。[③]同年，一直占据渠道优势的娃哈哈迅速推出"HELLO"，也加入争夺战中。外资企业也开始大举进军国内非碳酸饮料市场。在发起收购前，可口可乐就与中粮集团换购，通过收缩原有大中城市的碳酸饮料战线的方式，换得了在这些城市推广果汁等非碳酸饮料的机会，而后又从中粮手中收购了可口可乐瓶装生产公司（CCBMH）21% 的股权，使其在 CCBMH 所持股份增加到了 59%，控股了可口可乐在中国市场的非碳酸饮料业务平台。[④]

面对果汁行业的激烈竞争，朱新礼察觉到竞争焦点正由中下游的加工销售环节转向上游果蔬原材料供应环节。果汁行业竞争的关键要素更趋向于对

---

① 数据来源：《朱新礼透露汇源未来发展方向》（《中国经济网》，2008 年 9 月 24 日）。
② 数据来源：《统一携手安德利引发行业变局果汁大战逼近烟台》（《烟台要闻》，2009 年 2 月 19 日）。
③ 数据来源：《水溶 C100 再受追捧农夫山泉是如何做到的》（《科技世界》，2012 年第 4 期）。
④ 数据来源：《汇源和它的竞争者们低浓度果汁饮料市场不寂寞》（《21 世纪经济报道》，2009 年 4 月 18 日）。

原料源头的控制能力。因此，虽然没有如愿地拿到可口可乐的并购资金，朱新礼仍然坚定地向产业链上游布局。

2."大刀阔斧"的上游产业建设

1）果汁上游基地建设

与可口可乐并购失败后，因为资金短缺，汇源一度叫停了果汁上游基地建设项目。虽然朱新礼表示将汇源果汁的战略调整为"主攻下游、带动上游"，但能够看到汇源果汁在上游的建设投入并未减少。汇源果汁相继投入 20 亿元用于建设水果加工基地，其中，2009 年，汇源在湖北钟祥、安徽砀山和河北东陵的三个水果加工基地相继建成，投资 3 亿元的平邑项目、投资 3 亿元的陕西杨凌项目、投资 2 亿元的河北隆化项目也在同年先后开工。①

汇源果汁从创业以来，相继在东北、华北、华中、西北等水果产地进行布局，足迹遍布吉林、北京、陕西、新疆等省、自治区、直辖市，基本从源头掌控了全国范围内的优质水果原料。经过多年积累，汇源拥有了 1 000 多万亩水果原料基地，建立了 20 多家水果加工基地，形成了一个横跨东西、纵贯南北的果蔬加工产业化经营体系（见表 2-1）。

表 2-1 汇源果汁生产和加工基地

省、自治区、直辖市	生产和加工基地
黑龙江	齐齐哈尔汇源
	汉城汇源
吉林	吉林汇源
辽宁	锦州汇源
北京	顺义汇源
	怀柔汇源
河北	河北汇源
山东	德州汇源
	莱芜汇源
	泰安汇源
河南	开封汇源
	咸阳汇源
山西	山西汇源

① 数据来源：《斥资 3 亿汇源重启果汁上游基地建设》（《每日财经》，2009 年 6 月 5 日）。

续表

省、自治区、直辖市	生产和加工基地
江苏	江苏汇源
安徽	安徽汇源
上海	上海汇源
湖北	黄冈汇源
	九江汇源
	南丰汇源
广西	广西汇源
新疆	新疆汇源

资料来源：根据《汇源果汁大败局》（《商学院》，2020 年 3 月 2 日），整理绘制。

2）收购果汁加工龙头企业

为进一步实现产业链自上而下的控制，2013 年 3 月，汇源果汁以 39 亿元收购了作为供应商的中国汇源产业控股有限公司，该公司是中国生产浓缩果汁及果酱的龙头企业之一。[①] 至此，汇源实现了集团业务的垂直整合，确保了主要原材料的长期稳定供应，提高了质量控制和食品安全控制能力。除供给自有产品外，中国汇源产业控股有限公司的额外产能还可以为其他企业服务，使汇源果汁的收益更加多元化。

2.1.3 中游——打造全品类产品体系

在对上游产业链进行重资产投入和布局之后，汇源果汁开始转战低浓度果汁饮料行业，试图打造全品类产品体系，以获取更多的市场机会和更多的市场盈利。2007 年至 2009 年，汇源在中高浓度果汁市场中一直保持领先地位。自 2006 年起，汇源果汁在中高浓度果汁市场的占有率连续十年保持市场份额第一。但在低浓度果汁饮料市场中，汇源产品市场竞争力不足。据 2007 年中国饮料市场的调查发现，碳酸饮料、茶品、果汁饮料等产品的市场渗透率要远远高于高浓度果汁饮料（见图 2-1，100% 果汁市场渗透率仅 33%），朱新礼也察觉到了低浓度果汁及其他饮料市场的巨大空间。

---

① 数据来源：《汇源果汁 39 亿元收购主要原材料供应商》（《东方早报》，2013 年 5 月 24 日）。

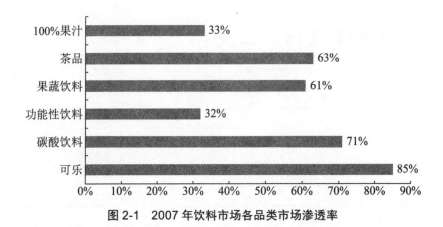

图 2-1　2007 年饮料市场各品类市场渗透率

资料来源：新生代市场监测机构，《2007 年中国市场与媒体研究》。

与低浓度果汁饮料及茶饮相比，高浓度果汁的生产加工流程更为复杂，可以通过减少部分环节以满足生产低浓度果汁和茶饮的需要。为了进入低浓度果汁市场，汇源果汁开始调整生产线，在新品研发上发力，试图通过降维打击占领低浓度果汁市场的制高点，扭转颓势，提高营收。

1. "层出不穷"的低浓度果汁饮品

随后，汇源陆续推出了多种低浓度果汁品类。2009 年，汇源高调推出柠檬复合果汁饮料"柠檬 me"作为进军低浓度果汁饮料的先锋队，并表示会陆续推出其他低浓度果汁产品。2010 年，汇源果汁推出的全新碳酸饮料系列"果汁果乐"，以"水果生汽了"为主题隆重上市。这是一款在果汁饮料中添加二氧化碳的加汽果汁饮品，将消费群体瞄准追求时尚、健康的年轻人。之后汇源果汁又强势推出众多果汁新品，并在产品概念、包装上下足功夫，以迎合饮料市场中占比最大的年轻人群，满足其求新鲜、求刺激的多元化需求。

但是，汇源果汁大举进军的低浓度果汁领域，早已被统一、康师傅等品牌牢牢占据。汇源果汁作为后进入者在影响力、渠道、产能等方面均不具优势，因此在低浓度果汁市场发展得并不顺畅。汇源果汁在市场占有率方面与行业第一名相比明显落后，经过几年的努力不但没有任何起色，反而还有逐步下降的趋势（见图 2-2）。

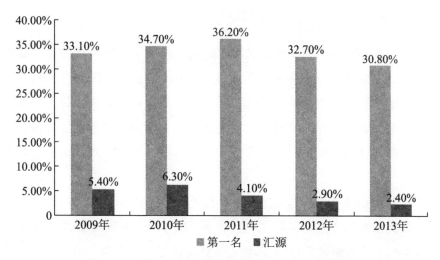

图 2-2　2009—2013 年低浓度果汁市场占有率对比

数据来源：汇源果汁 2009—2013 年年报。

2. "强强联合"，推出多种茶饮品

在低浓度果汁领域进军失利后，汇源果汁又转向了茶饮。2011 年，汇源果汁以 1 201 万元的高价竞拍获得旭日升全部 164 枚商标所有权以及"冰茶"的特有名称。汇源果汁想借助旭日升的营销体系，结合自身上游基地优势，打通上下游，形成一条完整的茶品产业链。然而，旭日升"嫁入"汇源果汁后，并没有得到发展，三年后无奈停产。2014 年，汇源又以 1.17 亿元收购茶饮巨头三得利的中国公司。^① 来自日本的品牌三得利最吸引朱新礼的是其茶饮料业务，特别是其中的乌龙茶业务。朱新礼始终认为，茶饮料对于中国市场不可或缺。尽管 2011 年汇源果汁拍得的旭日升品牌"冰茶"产品已经停产，但这不妨碍他利用其工艺进行第二次尝试。朱新礼想要的是一个能和可口可乐、百事、娃哈哈竞争的综合性饮品集团。双方合作以后，凭借着三得利较强的研发能力，成功推出了三得利"沁"系列产品，一度成为三得利中国公司最大的销售单品。但好景不长，汇源果汁的中方文化和三得利的日方文化较难融合，导致在经营和管理上出现了分歧，市场业绩也受到了影响。

---

① 数据来源：《汇源果汁'后可口可乐'时代猜想》(《时代周报》，2014 年 4 月 15 日)。

3. "应有尽有"的全品类系列饮品

茶饮业务受挫后，汇源果汁又将"触角"伸到了市场份额增长迅速的运动饮料领域。2014 年，汇源果汁强力推出含有维生素、电解质和 10% 果汁成分的首款运动健康功能饮料。汇源果汁与中国足协超级联赛合作，希望借助体育赛事的力量增加品牌影响力。看到 RIO 鸡尾酒异军突起之后，汇源果汁在同年又进入鸡尾酒市场，推出有着 8 种口味的"真炫"鸡尾酒，向多元化再进一步。

随着新品的不断推出，汇源果汁已然成为一个覆盖全品类的饮料企业，产品类型包括 100% 果汁（果汁含量 100%）、中浓度果汁（果汁含量 26%～99%）、低浓度果汁（果汁含量 25% 以下）、水类、酒类、碳酸饮料等饮品（见图 2-3）。

图 2-3　汇源果汁产品品类示意图

资料来源：根据汇源果汁官网整理。

2.1.4　下游——重金投入品牌营销

曾经的鲜花和掌声会让企业沉醉，第一的位置坐久了会让企业麻醉，会认为这个位置就是为自己保留的。于是企业没有了追求，放松了警惕，整个销售体系僵化不堪，营销渠道管理混乱。与预期不同，汇源果汁在低浓度果汁和其他饮料上反响平平。为成功转型，汇源开始在品牌传播上狠砸重金。

1. 不惜成本地提升品牌影响力

为了配合新产品的营销，提升品牌的知名度和影响力，汇源果汁在 2013年以 3.399 亿元夺得央视标王，冠名《星光大道》，并通过赞助央视《直通春晚》《经济半小时》《生财有道》等栏目，以及 2013 年春节联欢晚会，借助央视高端资源强化汇源果汁品牌和产品的覆盖力和影响力。①

此外，汇源果汁还在全国 1 000 个县级媒体投放广告，在二三线市场发力，并屡屡在电影、电视剧中植入广告，投入重金，尝试用新的广告模式影响消费者，朱新礼甚至亲自客串了《乡村爱情》，在其中扮演汇源果汁的业务员，过了一把演戏的瘾（见图 2-4）。

图 2-4　汇源果汁在《乡村爱情》中植入广告

① 数据来源：《央视广告招标总额 158 亿创 19 年新高剑南春"整点报时"打败茅台》（同花顺财经，2012 年 11 月 19 日）。

2. 势不可当的年轻化战略营销

汇源果汁年轻化的营销战略不断发力。2013年，汇源果汁邀请那英代言100%果汁，邀请郭德纲为冰糖葫芦汁代言。尤其是在2016年，汇源果汁进一步加大了年轻化的营销力度，年初参与年轻人喜爱的网红papi酱的贴片广告竞拍。同年6月，校园歌手争霸赛总决赛在北京五棵松体育场汇源空间开唱，汇源果汁副总裁李庆华表示："本届校园歌手争霸赛是汇源果汁专为年轻人量身定制的校园活动，是汇源果汁年轻化战略的重要举措，是年轻人实现音乐梦想的舞台。"除此以外，汇源还通过赞助自行车大赛等项目，走进大学校园，试图影响越来越多的年轻人，从而带动产品销售。

2.1.5 各条战线均受挫，赔了夫人又折兵

经历了看似猛如虎的一阵操作，汇源果汁百余种产品几乎涉及了饮料行业的各个细分市场，做到了大而全。然而，除了消费者熟知的汇源100%果汁外，新推出的各种产品几乎都没有在市场中站稳脚跟，不仅没有为集团赚取预期利润，还拖累了原高浓度果汁业务，导致集团整体业绩连年下滑。

1. 新品市场占有率低，主营产品市场占有率下降

经过一系列对新产品的重磅营销，汇源果汁的营业收入逐年增长，这些新品虽然在品类选择上都契合了当时的消费热点，但是简单跟风没能使它们获得市场的肯定，销售情况并不乐观。由于低浓度果汁市场已被可口可乐、统一、康师傅等品牌占领，汇源果汁的新产品特点不足，没能够撼动竞争对手在低浓度果汁饮料市场的占有率（见图2-5）。

新产品在市场上屡次受挫，原有的核心产品100%果汁和中浓度果汁也没有太多更新。朱新礼曾经表示，可口可乐的配方从来没变过，汇源100%就要向可口可乐学习，打造经典。然而，朱新礼没有想到的是，可口可乐的配方虽然没有变化，但其口味、包装、营销、品牌塑造等一直在持续地迭代更新。2016年，农夫山泉解决了果汁常温存储的难题，推出了不加水的100%NFC（not from concentrate，非浓缩还原汁）果汁，比汇源100%果汁

还要纯。于是，2016 年开始，汇源 100% 果汁的市场占有率开始下降。

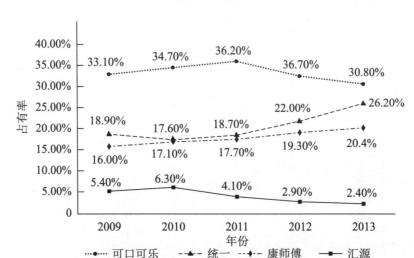

图 2-5 汇源与竞争对手在低浓度果汁市场的市场占有率对比

数据来源：汇源果汁 2009—2013 年年报。

2. 净利润下滑，负债额增加

市场竞争愈发激烈，公司净利润开始出现大幅亏损。汇源在 100% 高浓度果汁产品基础上，不断推出低浓度果汁和其他饮料新品，研发费用较高。与此同时，低浓度和其他饮料市场产品同质化严重，价格优势不明显，市场竞争激烈，终端市场爆发促销战和价格战，导致汇源果汁在新品上盈利困难，归母净利润变动剧烈，甚至在 2014 年和 2015 年出现大幅亏损（见图 2-6）。

为了保证新产品的生产和营销推广不受影响，汇源果汁不得不每年发起融资和银行借款。2009 年融资 2.9 亿元，银行借款 16.8 亿元，2010 年融资和借款总额达 16.2 亿元。[①]大量的融资和借款背后带来的高额利息压力，使汇源果汁背上了沉重的负担。2013 年至 2017 年间，汇源果汁每年支付的利息甚至要高于借款金额，借贷利息的负担越来越重。

在这样入不敷出的情况下，汇源果汁的负债越来越严重，而汇源果汁在新产品推广和研发上并没有收手的意思。自 2009 年开始，几乎每年汇源果汁都会推出新产品。2008 年至 2017 年，汇源果汁的负债总额持续增加，飙升

---

① 数据来源：汇源果汁 2009—2010 年年报。

至近 115 亿元，高额的负债使汇源果汁彻底失去了竞争力。

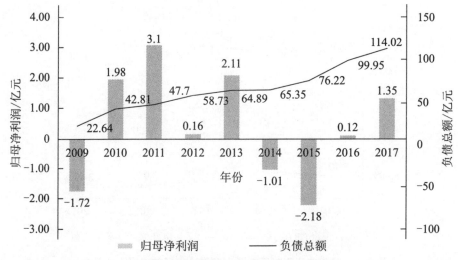

图 2-6　汇源果汁归母净利润及负债情况

数据来源：汇源果汁 2009—2017 年年报。

3. 销售不畅导致生产闲置，工厂被迫出售

汇源在全国生产端的布局导致沉没成本较高。然而，大幅扩张的产能并没有得到充分利用。由于新推出的产品销售不畅，2015 年，汇源果汁全国 48 家工厂产能使用率不足 30%。[①] 大量产能闲置和造成的固定资产折旧蚕食着汇源果汁的利润。2011 年半年报显示，由于在 2010 年上游种植基地建设较多，上半年获得政府补贴多达 9 128 万元，而其净利润仅 1.49 亿元，政府补贴收入占到汇源总利润的 60% 左右[②]，已成为汇源果汁净利润的主要构成部分。如果不计政府补贴，汇源果汁几乎难以盈利。

面对资金压力，汇源果汁不得不开始出售刚建成不久的子公司，以减少闲置资源浪费、减轻负债压力。2013 年至 2015 年，汇源果汁连续出售了 12 家子公司。

---

① 数据来源：《汇源两年甩卖 12 家子公司产能使用率不足 30%》（《长江商报》，2015 年 6 月 29 日）。

② 数据来源：《汇源去年上半年净利暴跌近 80%》（《羊城晚报》，2013 年 3 月 19 日）。

4.违规高额举债，一举拖垮昔日巨头

出售闲置工厂，并没有从根本上改变汇源果汁面临的境况。新产品销路不畅、主营产品市场被挤占、工厂产能闲置、资金链吃紧，使被收购失败后本来就元气大伤的汇源果汁雪上加霜。上游需要的资金支持迟迟无法得到下游的有力支撑，越来越大的资金缺口等着汇源果汁填补。

为此，汇源果汁不得不加大融资贷款力度，而贷到的资金又被执着地用于扩充产能，投入新产品的研发和新产品的营销，在100%果汁和中浓度果汁的产品迭代中几乎没有投入。2016年后，随着市场消费向更健康的高纯度果汁转移，汇源果汁布局的新产品销售大幅下滑，财务压力进一步增大。面对巨大的资金缺口，汇源果汁只能反复借款、融资，负债金额持续飙升。

2018年3月，汇源果汁向汇源集团旗下的关联方北京汇源出借42.75亿元人民币贷款①，但这一行为未经董事会批准、未签订协议，汇源果汁也没有履行相关披露义务，严重违反了港交所上市规则中关于关联交易申报、股东批准及披露的条款，港交所宣布汇源果汁停牌。同时，汇源果汁也因此次事件被多方降低信用评级，严重影响了再融资规模。

2019年5月，朱新礼被法院列为失信被执行人；同年12月，朱新礼作为有权代理人的中国德源资本（香港）有限公司被查封，法院冻结其41亿元资产。②2021年1月18日，香港联交所正式取消汇源的上市地位。汇源果汁作为一代果汁巨头、曾经的国民品牌，至此危在旦夕。

2.1.6 汇源果汁败局下的反思

2009年汇源果汁与可口可乐并购失败后，在缺乏资金的情况下大肆布局全产业链，进军饮料行业的各细分领域，各条战线均在不同程度上受挫。但当时汇源公司在饮料市场具有比较优势的产品品类，果汁市场也有待开发的广阔空间。

汇源100%果汁和中浓度果汁为汇源提供了稳定的资金支持。虽然缺乏升

---

① 数据来源：《汇源果汁被取消上市地位》（香港联合交易所，2021年1月15日）。
② 数据来源：《41亿资产被申请冻结！汇源集团创始人朱新礼成失信被执行人》（《大众日报》，2019年12月11日）。

级迭代，但两种产品市场口碑和销量整体仍然稳定，汇源 100% 果汁在 2009 年至 2018 年的市场占有率保持在 42.8% 以上，中浓度果汁市场占有率也保持在 24.6% 以上，远高于低浓度果汁及其他饮料产品的市场占有率（见图 2-7）。

图 2-7　汇源中高浓度果汁市场占有率

数据来源：汇源果汁 2009—2018 年年报。

如此看来，虽然由于实施多元化战略而给汇源果汁带来了诸多不利影响，但其仍在主导产业上保有优势，那又是什么原因导致如今败局的呢？

2.1.7　附录

1. 浓缩果汁、低浓度果汁及茶饮料生产流程

如图 2-8、图 2-9、图 2-10 所示。

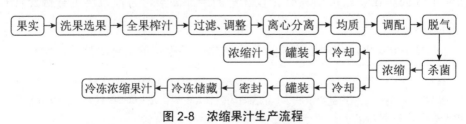

图 2-8　浓缩果汁生产流程

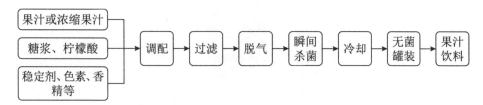

图 2-9　低浓度果汁生产流程

图 2-10　茶饮料生产流程

2.汇源果汁产品示例图

如图 2-11、图 2-12、图 2-13 所示。

图 2-11　低浓度果汁饮料

图 2-12　酒类、果汁奶和碳酸饮料

图 2-13　矿泉水类产品

3. 汇源果汁产品代言示例图

如图 2-14 所示。

图 2-14　明星代言

2.2　思考题

1. 汇源果汁为什么要发力产业链上游并推出众多新产品？

2. 汇源果汁拓展的新业务内容有哪些？

3. 汇源果汁的企业能力是否支持其进行多元化战略？

4. 汇源果汁在新业务拓展上面临哪些风险？

5. 通过汇源果汁多元化战略失败的案例可以总结哪些经验？

2.3　分析思路

本案例依据多元化战略的分析框架展开，围绕启发思考题，以多元化战略的目的、适用条件、优缺点、对企业能力的要求等为理论支撑，剖析汇源果汁与可口可乐并购失败后的发展历程，探讨汇源果汁陷入困境的原因。

首先，通过回顾汇源果汁布局全产业链、全品类产品的过程，结合汇源果汁当时的情势分析，引导学习者思考汇源果汁进行多元化战略布局的目的和内容。

第二，通过分析汇源果汁自身的能力和多元化战略对企业能力的要求，引导学习者深入理解多元化战略与企业能力要求相匹配的重要性。

第三，通过分析汇源果汁实施多元化面临的风险，引导学习者深刻理解多元化战略会给企业带来的风险。

最后，总结汇源果汁多元化经营失败的原因，引导学习者加深理解多元化战略的分析框架。

案例详细分析思路与步骤如图 2-15 所示。

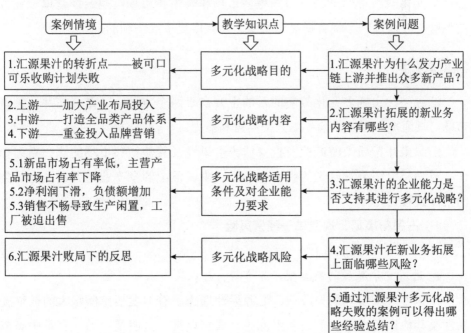

图 2-15　案例分析思路图

2.4 理论依据与分析

2.4.1 汇源果汁为什么要发力产业链上游并推出众多新产品？

理论依据

多元化战略的目的

多元化战略最早由伊戈尔·安索夫于 20 世纪 50 年代提出，指企业发展到一定阶段，为寻求长远发展而采取的一种成长或扩张行为。确切来说，企业为获得最大的经济效益，通过吸收、合并其他行业的企业，开发有潜力的产品，充实系列产品结构，这种经营模式称为多元化战略。简单来讲，相对于专业化经营，多元化战略是指一家公司同时经营两种或两种以上的产品或服务。

由于外部市场存在较高利润的吸引，或者在未来存在较大的市场机会，企业为了获得更大的发展空间和利润源而进入其他业务单元，往往实施多元化战略。而外部市场所需资源和理论支持往往可以和内部市场相互促进和借鉴。多元化战略目的就在于占领更多市场和开拓新市场，规避经营单一业务的风险，并通过联合优势提高盈利能力，获取更多经济利润。

案例分析

汇源果汁实施多元化战略的目的主要在于两个方面：一是开拓并占领新市场，规避单一经营风险；二是提高盈利能力。

汇源果汁布局上游产业及投身低浓度果汁及其他饮料市场的这一系列动作，成功将汇源果汁打造为拥有横跨上、中、下游的全产业链并覆盖全品类的果汁饮料企业。

1）占领新市场，规避单一经营风险

（1）在产业链布局上

■ **进入竞争激烈的新类型产品市场，存在较多未知风险**

在和可口可乐并购失败后，汇源果汁选择了看似发展空间很大的低浓度果汁及其他饮料市场，但自从汇源果汁成立以来，其明星产品一直是中高浓度果汁，其在中游市场的优势也仅仅体现在中高浓度果汁市场上。低浓度果汁及其他饮料市场看似生产流程简单、成本低，也更受市场消费者青睐，但对于汇源果汁来说，却要面对一个新市场的挑战，加上彼时低浓度果汁市场已被可口可乐、统一、康师傅占领，在本身受并购案失败而元气大伤的情况下再投入竞争激烈的下游新类型产品市场，汇源果汁面临的各方面未知风险是非常大的，包括资金链断裂、新产品销售不畅等风险。

■ 占领上游市场，规避单一经营风险

上游种植的水果是果汁饮料生产的必需原材料，汇源果汁即使在中游市场没有获得较多的市场优势，但通过占领上游市场，除了能获取来自上游市场的收入，也能够对自己的竞争对手从原材料供应上做出一定的把控，以此来避免单一经营中游市场而带来的风险。

（2）在新品推出上

汇源果汁在中高浓度果汁市场上一直占有稳定且领先的市场地位，在2009 年与可口可乐并购失败后，汇源果汁的销售体系被彻底破坏，对原有产业的影响程度难以衡量。此时的低浓度果汁及其他饮料市场的产品层出不穷，为了提高企业竞争力，避免单一经营中高浓度果汁的风险，汇源果汁开始不断推出众多低浓度果汁及其他新品，参见前文图 2-3。汇源果汁试图通过进入低浓度果汁及碳酸饮料市场，使企业产品覆盖全品类，避免单一品类经营不善对企业造成不可弥补的风险。

2）获取多产业融合优势，提高盈利能力

（1）在产业链布局上

■ 上中下游产业融合，提高盈利能力

汇源果汁相信控制果汁产业的上游就相当于从源头上占据了果汁行业的优势。比起从其他水果供应商手里买原材料，汇源果汁自己作为供应商，不仅可以将原材料提供给自己，使中游的果汁生产成本降低、毛利率增加，还能借助上游供应商的议价能力将原材料销售给其他水果加工企业，这样就可以实现多产业的融合，提高企业的营收能力。

■ 通过政府补贴，增加企业收入

汇源果汁上游的果蔬种植生产模式符合国家对种养类项目的补贴。2011年至 2015 年，汇源果汁共获得政府补贴收入 8.55 亿元，而在此期间汇源果汁的净利润为 2.18 亿元。汇源果汁布局上游产业带来的政府补贴能够增加其企业的收入，甚至可以说布局上游带来的收入是汇源果汁的主要收入来源。

（2）在新产品推出上

■ 低浓度果汁及其他饮料市场空间大

由图 2-1 可以看出，2007 年，100% 果汁的市场渗透率仅为 33%，而碳酸饮料的代表产品可乐为 85%，远高于 100% 果汁。除此之外，茶品及低浓度果汁饮料的市场渗透率分别为 63% 和 61%，均为 100% 果汁的两倍左右。面对巨大的市场空间，朱新礼也想从中获取收益。

■ 低浓度果汁及其他饮料生产成本低

由图 2-8、图 2-9、图 2-10 可以看出，浓缩果汁的生产流程要复杂很多，而低浓度果汁和茶品的生产流程相对简单很多，所以浓缩果汁的生产成本要比低浓度果汁及其他饮料高很多，在汇源果汁和可口可乐并购失败后，由于本身资金不足，转向低浓度果汁及其他饮料的生产或许能够使其以较少的投入快速获取产品销售带来的盈利。

2.4.2 汇源果汁拓展的新业务内容有哪些？

理论依据

多元化战略的内容

多元化战略包括两种基本类型：相关多元化和不相关多元化。

相关多元化是指企业以现有业务或市场为基础进入相关产业或市场的战略。相关多元化的相关性可以体现在产品、生产技术、管理技能、营销渠道、营销技巧或用户等方面。采用相关多元化战略，有利于企业利用原有产业的产品知识、制造能力、营销渠道、营销技能等优势来获取融合优势，即两种业务或两个市场同时经营的盈利能力大于各自经营时的盈利能力值之和。当企业在产业或市场内具有较强的竞争优势，而该产业或市场成长性或吸引力逐渐下降时，适宜采用相关多元化战略。

不相关多元化是指企业进入与当前产业和市场均不相关的领域的战略。如果企业当前产业或市场缺乏吸引力，而企业也不具备较强的能力和技能转向相关产品或市场，较为现实的选择就是采用非相关多元化战略。采用非相关多元化战略的主要目标不是利用产品、技术、营销渠道等方面的共同性，而是从财务上考虑平衡现金流或者获取新的利润增长点，规避产业或市场的发展风险。这种战略是实力雄厚的大企业集团通常采用的一种战略。

案例分析

1）相关多元化战略内容

汇源果汁上游作为果蔬饮料的原材料供应点，支撑中游果汁产品的生产和加工，中游生产的饮料产品供下游销售，产业链布局之间能起到促进的作用。如上述分析，全产业链的布局有利于提高企业的营收能力，在激烈的市场竞争中提高企业的市场竞争力。从图 2-16 能看到，整个产业链是相互关联的，汇源果汁在产业链布局上属于相关多元化战略。

图 2-16　产业链间的相互作用

2）不相关多元化战略内容

全产业链的布局有利于提高企业的营收能力，在激烈的市场竞争中提高企业的市场竞争力。从图 2-17 能看出，不同品类产品在生产工艺及产品营销等方面不尽相同，汇源果汁在品类布局上属于不相关多元化战略。

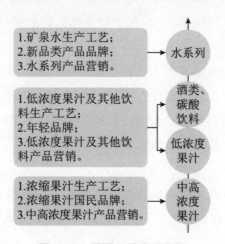

图 2-17　不同品类产品分析

2.4.3　汇源果汁的企业能力是否支持其进行多元化战略？

理论依据

1）多元化战略对企业能力的要求

根据饮料行业的特点，将企业能力分为以下四个方面，并依多元化战略的不同类型对企业能力要求进行了分类和匹配（见表 2-2）。

表 2-2　多元化战略对企业能力要求

企业能力	能力内容	多元化战略对企业能力要求	
		相关多元化	不相关多元化
财务能力	财务状况、财务实力	强	较强
品牌能力	品牌营销和影响能力	强	较强
渠道能力	渠道管理和销售能力	适中	较强
产品能力	产品创新、产品生产能力	强	较强

2）多元化战略的适用条件

■ **主导产业做好，拥有核心竞争力**

企业的核心竞争力一般体现在主导产业上，主导产业是企业生存的根本，企业应该在做大做强主导产业的基础上逐步实现多元化。而企业只有具备了较为成功的核心竞争力，才有可能在多元化战略领域中占据优势。

■ **财务状况良好**

财务支持是企业多元化战略实施的基础，企业在多个领域实施经营活动需要有丰富的资产作为后盾，一个处于财务危机的企业不可能实施多元化。

■ **主业所处生命周期位置**

企业的生命周期包括发展期、成长期、成熟期、衰退期，而企业实施多元化需要考虑主导产业所处的生命周期，如果主导产业还没有进入成熟期，仍有较大上升空间，则没有必要急于实施多元化。若主导产业进入成熟期或者衰退期，则可以考虑实施多元化。

■ **具备外部条件**

企业实施多元化战略需要确认资源环境和市场情况，如果准备进入的行业和产品供不应求，行业竞争不太激烈，就可以及时进入，以抢占市场先机。

案例分析

1）汇源果汁能力分析

汇源果汁经历了数年的积累，形成了一定的企业能力。

■ **财务能力**

汇源果汁自成立前期就通过融资不断扩张基地、加工工厂，一直处于负债状态，和可口可乐并购失败后更是持续处于亏损状态，负债金额逐年增加。

■ **品牌推广能力**

汇源果汁在推广新产品时虽然投入较多资金，但是影响力不足。新产品的定位是年轻人群，但是汇源果汁选取的代言人并非是当代年轻人熟悉、追捧的明星。另外，汇源果汁冠名和赞助的一些节目，例如《星光大道》《经济半小时》《生财有道》等，也不太能获取年轻一代的关注，所以从汇源果汁对新产品的营销上来看，其品牌推广能力较为不足。

■ **渠道能力**

2008 年，汇源果汁预备被可口可乐收购，为此朱新礼将员工数量从 9 722 人裁撤到了 4 935 人，销售人员从 3 926 人减少到 1 160 人，亲手拆除了用 16 年心血搭建起的销售体系。在 2009 年宣布与可口可乐并购失败后，汇源果汁元气大伤，股价暴跌。此前裁撤了大量的销售人员，为了尽快恢复业务，汇源又不得不重新大量招聘。

■ **产品创新和生产能力**

汇源果汁创建初期就引进了价值上千万美元的德国水果加工设备和中国第一条 TBA-9 利乐包无菌冷灌装生产线，随后几年又分别引进了世界先进的德国康美无菌冷罐装生产线和 PET 生产线，汇源果汁的技术生产能力达到了全国领先水平。汇源果汁在中高浓度果汁上一直没有太多的迭代更新，而低浓度果汁及其他饮料也是在模仿市场上热销的产品，没有太多技术创新。整体来看企业技术研发及创新能力不足。

2）汇源果汁多元化战略适用条件分析

汇源果汁在 2009 年被可口可乐收购失败后，虽然元气大伤，但还在努力挽救损失。汇源果汁希望通过上游产业的加持，结合下游低浓度果汁市场的拓展，为汇源果汁的进一步发展获取更多的机会。结合汇源果汁现状与多元化战略的适用条件，进一步分析如下：

■ 主导产业

汇源果汁自 1992 年成立起，生产的产品主要是中高浓度果汁，还从德国引进了专家、工程技术人员以及世界先进的德国康美无菌冷罐装生产线。在其多条生产线达到国际先进水平的情况下，尽管 2009 年后与可口可乐并购失败，汇源果汁在中高浓度果汁市场的占有率并未有太大变化，一直处于市场领先地位。

■ 财务状况

受前期的资本扩张影响，汇源果汁产能闲置现象严重，而融到的资金又投入到新产品的研发和广告营销上，在激烈的市场竞争下，新产品销售不畅。汇源果汁负债严重，2017 年汇源果汁负债高达 115 亿元，所以从财务情况上看，汇源果汁不具备施行多元化战略的能力。

■ 主业所处生命周期位置

由图 2-7 可以看出，汇源 100% 果汁和中浓度果汁的市场销售份额在 2009 年之后仍然呈现明显的上升趋势，而且随着国民消费水平的提高以及对健康的重视，高浓度果汁逐渐受到更多的青睐，未来的 100% 果汁市场仍有较大的上升空间，从汇源果汁主业所处的生命周期来看，并非处于成熟期或者衰退期，汇源果汁在此阶段实施产品多元化战略明显不是最佳时机。

■ 外部条件

现有企业间竞争激烈，同行业大大小小的企业有 4 000 余家。其中较为突出的是三股竞争力量：一支是台湾背景的企业——统一和康师傅；一支是包括汇源果汁、娃哈哈等在内的国内知名企业；还有一支是大的跨国公司，如可口可乐、百事可乐等。竞争对手拥有强大的资金实力和市场运作能力，为了争夺市场，竞争的激烈程度可想而知。娃哈哈、农夫山泉、统一鲜橙多、美汁源果粒橙、酷儿、露露等众多的一线品牌已占领了大部分市场，大品牌间的价格战、促销战、新品战已经演变到白热化的程度。

3）汇源果汁企业能力与多元化战略适用条件的匹配分析

汇源果汁布局全产业链的过程使得资金压力增加，不断推出新产品也是盲目跟风，其他企业有什么产品，它也推出什么产品，没有很好地规划较为核心的产品。各类产品在生产工艺、加工方式、目标群体上不尽相同，难以互相借力,无法发挥协同效用,资源利用不佳,从而无法实现多元化战略的目的。

从汇源果汁自身能力上分析,除了拥有先进的生产设备和布局全国的水果生产基地,拥有较强的技术生产能力外,从资金能力、品牌推广能力、渠道能力上来看,汇源果汁均无法满足多元化战略对企业能力的要求。

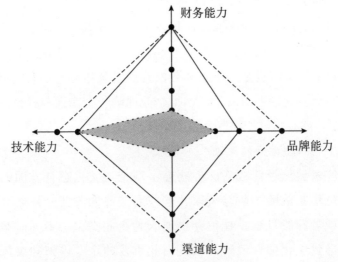

图 2-18　汇源果汁能力与多元化战略匹配分析

通过对汇源果汁能力与多元化战略适用条件进行匹配分析发现,除了主导产业具有相应的核心竞争力,适合企业实施多元化战略外,在企业财务状况、主业所处生命周期位置等方面均不能满足多元化战略实施的条件。因此,汇源果汁不具备实施多元化经营的条件,不宜采用多元化战略。

2.4.4　汇源果汁在新业务拓展上面临哪些风险?

理论依据

多元化战略的风险

多元化经营带给企业机会的同时也带来了较大的经营风险。

■　资源短缺风险

企业资源总是有限的,企业实施多元化经营战略必然要进入新的领域,经营新的产业，必然会将一部分资源分散到新的产业和领域中去，而企业的资源总是有限的，这不仅意味着经营的原有产业要受到削弱，而且容易产生资源分散后无力再进行资源优化配置与周转的风险，导致企业不能正常运转，最终致使企业的整体经营失去市场优势。

■ 产业经营风险

企业在进入新产业之后必须不断地注入后续资源，学习这个行业的有关知识并培养自己的员工队伍，塑造企业品牌。另外，产业竞争态势是不断变化的，竞争对手的策略也是一个未知数，企业必须相应地不断调整自己的经营策略，否则会面临极大的风险。如果企业深陷一个错误的投资项目却无法做到全身而退，那么很可能导致企业全军覆没。

■ 企业文化融合方面的风险

企业实施多元化经营战略，可能会出现企业文化融合方面的风险。企业实施多元化经营战略一般会采取并购或者控股的方式开拓新领域，但是在实施并购或者控股过程中往往会出现因为企业文化的不同而难以融合的局面，从而导致文化融合风险，以及由此引发的企业内部冲突风险或者失控风险。

■ 内部整合风险

企业实施多元化经营战略会分散企业内部原有的财务流、物流、决策流、人事流等，又因为产生了不同的经营领域，从而容易产生异议和冲突，导致内部冲突，出现企业内部整合风险。

案例分析

汇源果汁多元化战略风险分析

汇源果汁在新产业链、新产品市场的拓展上大刀阔斧。多元化战略的执行主要面临的风险为资源短缺风险和产业经营风险。

■ 资源分散，负债严重

布局上游产业需要耗费资源扩建水果种植基地、种植和管理果树。为了拓展新产品市场，除了新产品研发和加工需要耗费大量资源外，还要将资源倾注在新产品的营销和品牌推广上，这就导致了资源分散严重。面对资金压力，虽然汇源果汁在2013年至2015年出售了十几家子公司（见图2-19），但是新品并未刺激市场消费，反而因研发、销售以及营销费用过高，导致公司处于持续亏损状态。随着负债的增加，汇源果汁逐步丧失了在市场上的竞争优势。

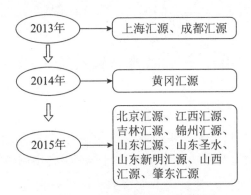

图 2-19　汇源果汁出售子公司情况

■ 产业经营风险

汇源果汁作为被国人熟知的国民品牌，一直推出的是以健康生活为理念的中高浓度果汁产品，2009 年后，却不断推出低浓度果汁、碳酸饮料等产品（见图 2-20）。

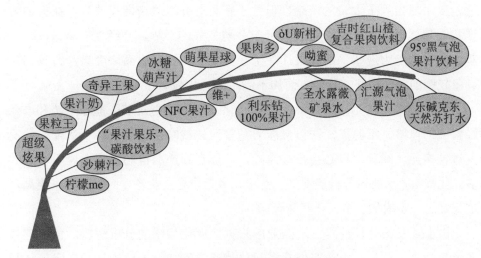

图 2-20　汇源果汁新产品生长图

一方面，汇源果汁的资金主要分散在新产品的研发生产及广告营销上，对于原主导产品浓缩果汁并没有太多更新。在资源有限的情况下，将大部分资金投入新品市场，如果不能扭转消费者对企业的认知，不仅新品不能带来收益，还会对已有产品造成负面影响，使企业陷入泥潭；另一方面，新品市场竞争激烈，新产品品类众多，新产品的经营策略要时刻符合市场需求，作为新品市场的新进入者，一旦策略失误，很容易造成无法弥补的损失。

2.4.5 通过汇源果汁多元化战略失败的案例可以总结出哪些经验？

从前文分析中可以看到，汇源果汁实施多元化经营的目的是为了获取上游产业市场利益，并且通过上游市场的建设与中下游市场经营产生协同作用，在获取上游主动权的同时使得中游生产的产品品质更有保证，也希望在下游的竞争中获取更多优势。同时，汇源果汁希望在多产业经营的情况下避免单一产业经营风险，尤其是朱新礼看到下游市场竞争越来越激烈，采取多元化战略看似是一个非常正确的决定。

但当时的汇源果汁除了在生产设备上比较成熟之外，在新产品创新上能力不足，更多的是模仿市场已有产品，资金状况也是负债严重，而其在品牌营销上虽然投入了大量的资金，但过于盲目，并未"精准投放"，在渠道管理和销售体系上更是受到与可口可乐并购失败的影响，已经"支离破碎"。基于这样的能力现状，汇源果汁除了在其主导产业即中高浓度果汁市场仍然具备较强的竞争力外，其他方面均不满足多元化战略实施的条件。

无论是相关多元化还是不相关多元化，都会给企业带来资源短缺和产业经营上的风险。汇源果汁在自身能力与多元化战略所需条件并不适配的情况下进行多元化经营，势必会带来风险，而其在新产品市场经营上属于不相关多元化战略，从前述分析能看到，不相关多元化对企业各方面能力要求更高，这无疑进一步增加了多元化经营风险。

由上述总结分析能得出，企业应根据多元化战略的分析逻辑，慎重选择多元化战略。首先，企业在进行多元化战略决策前应该明确其开展多元化战略的目的。其次，要分析需要在哪些方面进行多元化。再次，要梳理其自身的能力并确认是否满足多元化战略所需的条件。最后，要评估企业是否能应对多元化战略带来的风险，切忌盲目多元化。

2.5　关键要点及总结

本案例以汇源果汁与可口可乐并购失败后的发展为主线,梳理了汇源果汁近十年间的重要战略决策,探究其负债累累、被迫退市的背后逻辑,帮助学习者深刻理解多元化战略的目的和主要内容,熟悉多元化战略的适用条件,理解企业自身能力与多元化战略要求匹配的重要性,掌握多元化战略的风险。

2.5.1　汇源果汁战略决策失败的表现形式

汇源果汁战略决策失败的表现形式主要包括以下四种:

■ 机会导向型决策:盲目追逐中低浓度果汁和其他饮料细分市场机会,导致产品种类繁多,大而不强;

■ 固守经验型决策:依据中高浓度果汁销售的成功经验,在推广中低浓度果汁和其他饮料时复制电视广告、明星代言等营销手段,却忽视了产品定位和消费群体特点的变化;

■ 盲目跟随型决策:简单模仿可口可乐的经验,中高浓度果汁产品未进行更新迭代,忽视了产品属性的不同,导致主营产品被新业务拖累;

■ 感性冲动型决策:朱新礼作为创始人在汇源的权威很高,他做出的进军产业链上游、与可口可乐签订并购合同、削减销售团队等决策均缺少充分论证。

2.5.2　汇源果汁战略决策失败的理论依据

汇源果汁在与可口可乐并购失败后的十年间,在多元化的道路上不断探索。多元化战略分析框架包括目的、适用条件、内容、风险、对企业的能力要求等。从多元化战略的理论基础出发,汇源果汁在 2009 年与可口可乐并购失败后,并不具备多元化布局的条件。

　　向产业链上游布局的相关多元化、向中低浓度果汁和其他饮料细分市场进军的不相关多元化，看似雄心勃勃、全面开花，实际上促使汇源果汁同时进入了相关多元化和非相关多元化的两种业务布局。中高程度的多元化对企业核心竞争力提出了全面且扎实的要求，而汇源果汁的自身能力难以满足这样的要求。汇源果汁的核心竞争力无法对其制定的多元化战略进行有效支撑，最终导致主营业务受损，新业务受阻，企业陷入困境。

第 3 章

"全球有机奶第一股"A乳业公司的战略摇摆

摘　要：A乳业公司在短短十年间经历了犹如过山车般的大起大落，从初创期的高速发展，到上市后营业收入和利润的断崖式下跌，再到近两年来的逐步复苏，皆归因于其企业战略的左右摇摆。本案例系统梳理A乳业公司的战略演进过程，帮助学习者掌握成本领先战略和差异化战略的主要内容，理解核心竞争力对战略的支撑作用。

关键词：成本领先战略、差异化战略、核心竞争力、沙漠、有机奶

3.1　案例正文

A乳业公司成立于2009年10月，公司总部设在内蒙古自治区呼和浩特市如意南区沙尔沁工业园区。自成立以来，A乳业公司以发展精品奶源基地为核心，在乌兰布和沙漠建设大型有机草牧场，形成"牧草种植—奶牛养殖—原料奶和有机液态奶生产及加工"的全程有机产业链条。

成立十余年，A乳业公司历经了过山车般大起大落的发展历程。2009年至2014年短短五年时间，A乳业公司从一个由核心成员组成的创业团队一举成为

国内最大的有机原料奶供应企业、国内唯一一家符合欧盟有机标准的有机乳品公司，是伊利、蒙牛两大乳业巨头的主要有机奶源供应商。A 乳业公司的营业收入从 2011 年的 3.89 亿元增长至 2013 年的 11.44 亿元，年均复合增长率高达 71.5%，成为"全球有机奶第一股"。[①]2015 年至 2018 年，A 乳业公司毅然全力进军下游有机液态奶 C 端业务，积极进行产品研发和市场开发。但面对下游 C 端业务的激烈竞争，A 乳业公司不仅迟迟没有打开局面，反而导致公司整体业绩断崖式下降。2017 年和 2018 年，A 乳业公司分别亏损了 9.86 亿元和 22.25 亿元[②]，直到 2018 年底蒙牛接管其下游 C 端业务后才有所缓和。2019 年，A 乳业公司销售收入 25.39 亿元，期内实现利润约 2774.2 万元，实现了扭亏为盈。[③]

十年光阴，"全球有机奶第一股"A 乳业公司大起大落的背后原因是什么？又是什么因素帮助其在 2019 年扭亏为盈的呢？

3.1.1　2009 年至 2014 年：五年崛起，沙漠圆梦，成就"全球有机奶第一股"

2009 年 10 月，在内蒙古巴彦淖尔的乌兰布和沙漠中，A 乳业公司的前身 A 高科公司诞生了。A 高科公司开创了国内首个"沙草有机产业模式"，将黄沙泛滥的沙漠改造成了有机草场。在此基础上，A 高科公司还在沙漠中养起了牛、挤起了奶，形成了全球独创的"沙漠全程有机奶"生产模式，将全程有机的概念做到了极致，成了品质奶的代名词。A 高科公司生产的高品质有机奶也受到了市场的青睐，诸如蒙牛、伊利、旺旺等大型奶企纷纷前来布局奶源，A 高科公司的营业收入也从 2011 年起几乎每年都翻倍增长，并于 2014 年成功在港交所上市，成了"全球有机奶第一股"——A 乳业公司。A 乳业公司是如何在沙漠中建立起全程有机奶产业链的呢？它又是如何实现上市的呢？

---

① 数据来源：2014 年 6 月 30 日 A 乳业公司招股说明书。
② 数据来源：2018 年 A 乳业公司年度报告。
③ 数据来源：2019 年 A 乳业公司年度报告。

1. 在沙漠中种草、养牛,这可能吗?

A 乳业公司的创立源于创始人姚同山的一个承诺。2008 年,三聚氰胺事件爆发,乳业混沌动荡,国民愤慨谴责。中国载人航天、深海载人潜水都能攻克,怎么连一杯安全好奶都打造不出?姚同山在一次新闻发布会上做出了郑重承诺:"我们中国人一定能造出世界上最好的牛奶。"①

痛思过往,优质鲜乳的根基是奶源纯净。我国乳制品行业的上游奶源建设是个短板,若想牛奶的品质得到保障,必须从源头上根除草料、奶牛、加工环节的污染。为此,A 乳业公司创业团队计划将种草、养牛、生产加工都收归麾下,而且全程都要达到有机标准。而与上游奶源企业一般都选择在草场附近开辟牧场不同,A 乳业公司反其道而行之,竟然来到了荒草不生的乌兰布和沙漠。

A 乳业公司选址乌兰布和沙漠腹地,表面看不合逻辑,实际是经过仔细考量的。这里虽然黄沙弥漫,但乌兰布和沙漠东部的地下水资源丰富,素以"沙下一米可开泉"著称,为引水灌溉提供了便利。沙层下是红胶泥层,泥沙均匀搅拌之后,可增强土壤黏性,涵水保肥,为牧草种植提供了有利条件。更为重要的是,在沙漠里养牛,外围的沙丘如同天然隔离带,将污染与病源隔绝于外。沙漠里早晚温差大、气候干燥,病虫害威胁很小,因此种植的牧草也无需施用农药。在乌兰布和沙漠里种草、养牛,是纯粹的有机生产,这里将会成为中国最纯净的有机奶源。

2. 在沙漠中生产有机奶,怎么做的?

有机奶也被称为生态奶,是"最健康、最天然"的奶制品,而要出产这种奶需要符合以下四个条件:

■ 源于有机农业生产体系;

■ 种植、养殖过程遵循自然规律、生态规律,严禁使用化肥、农药、无机生长调节剂、催奶剂、食品添加剂等人工合成的化学物质;

■ 严格按照国家颁布的有机食品加工规程进行生产加工;

---

① 引用来源:《A 乳业公司高科:打造有机奶产业治沙新模式》(国家林业与草原局,2018 年 3 月 22 日)。

■ 必须取得国家有机食品认证机构的认证。

为达到有机奶的生产要求，生产出"最健康、最天然"的好牛奶，A乳业公司在乌兰布和沙漠恶劣的自然环境下不断探索，建成了世界领先的沙漠全程有机产业基地，通过四位一体闭环打造全程有机的沙漠有机奶。

1）有机种植

A乳业公司全封闭式有机循环产业链的起始端，是牧草产业。牧草质量的监管把控直接影响畜牧、加工等其他产业环节的有效运行。

为了找到适合沙漠的种植模式，A乳业公司创业团队走访了20多位牧业、种植业、沙产业的科技专家，在经过反复试验后，终于摸清了土、肥、水、种的适应情况，规划了系统化的沙产业体系，研究出了适合在沙漠里种植的树木、作物。由此，A乳业公司的有机沙草贯彻着零农药、零化肥、零转基因、零环境污染的"四个零"标准，既为奶牛供应优质饲草料，又献力于当地生态环境的改善。A草业公司结合沙漠治理改造计划，在乌兰布和沙漠规划开发了有机牧草饲料种植基地41万亩（见图3-1），先后种植沙生树木8 000多万棵，主要种植有机青贮玉米、有机苜蓿、有机玉米、有机燕麦草、有机向日葵、有机小麦等牧草饲料作物。

图3-1　A乳业公司在沙漠里种植的圆形草场

资料来源：企业提供。

A 草业公司三亩地的牧草可饲养一头牛，一头牛的粪便可还耕于三亩地，这种"草—畜—肥—田—草"的有机循环发展方式，既能让粪肥有效改良土壤结构，又可降低经营成本，还可以维系巩固周遭的生态绿化，一举三得。目前，A 高科草业公司已成为国内最大的有机饲草生产基地之一，为 A 乳业公司有机产业链可持续发展奠定了坚实基础。

2）有机养殖

在优质奶源地的建设中，饲草是根基，而牧场则是核心。在人们传统的印象中，草原是奶牛生活的理想地，但 A 乳业公司认为沙漠养牛有着同样的优势：充足的日晒为奶牛的钙质合成提供了保障，而且，经过日晒的明沙可以有效预防和治疗奶牛乳房炎（见图 3-2）。

图 3-2　A 乳业公司奶牛养殖场沙床及自动挠痒刷

资料来源：调研采集。

A 乳业公司在有机奶牛养殖中，引进了当时欧美及澳大利亚、新西兰等国普遍采用的奶牛养殖新理念——福利化饲养法。在 A 乳业公司牛场，牛均占地 60～80 平方米，牛舍严格遵守卫生标准，并配备有专门的营养师，专业的保健体系，专属的环境体系。为了充分考虑奶牛的动物福利，奶牛的饮水是经过反渗透技术净化过的，并且会进行定时化验，奶厅里会不时播放音乐，以舒缓奶牛躁动、紧张的情绪，降低奶牛之间打架的可能性，避免不必要的财务损失。为了保证沙漠全程有机产业链全程可控，牧场的每一头奶牛都有自己的"身份证号"。工作人员将号码输入系统，牧场可以随时查询奶牛的身体状况、饲喂情况、产奶情况，确保加工成产品之后，全程可追溯。

经牛场工作人员介绍，这些奶牛堪称中国目前"最纯净的奶牛"，原因有三：一，其身处百里明沙隔离带，天然杀菌，远离疫情；二，牛卧干沙，粪便还田，没有污染；三，奶牛吃在沙漠，喝在沙漠，长在沙漠，全程有机。

"牛比人住得条件好。"A乳业公司的技术员介绍说，"真不是开玩笑，酷暑和极寒时，牛舍里却是恒温的，晚上我们都搬到牛舍里睡觉。"

3）有机加工

A乳业公司采用"草场—牧场—工厂"全封闭式有机循环，草场、牧场、工厂均属于A乳业公司，没有外源收奶，不必外包加工，杜绝了中间环节出现质量安全纰漏的可能性。

不仅如此，A乳业公司还引进了全球最先进的瑞典利乐A3无菌灌装生产设备，严格遵循有机奶的加工流程，力求"零污染"。液态奶产品的所有原料奶均由专属有机牧场进行供应。在生产过程中严格遵循"零香精、零色素、零防腐剂"的原则，致力兑现"纯牛奶、真有机"的品质承诺。工艺标准超越了美国食品与药品管理局和欧盟法规的食品安全标准。

4）有机认证

A乳业公司全程有机奶均印有获中国国家认证认可监督管理委员会（国家认监委）认可的条形码，以便追溯每件产品的生产源头，这是其质量控制措施。A乳业公司还做到了一包一码，即每包产品都印有由国家认监委授予的有机追溯码，消费者可随时登录国家认监委网站在线查询。

经过长达三年的全程监控，"A乳业公司全程有机奶"获得了跨国"毕业证"，成了当时中国唯一获得欧盟有机认证的有机奶。同时，其也是首家获得国内、国际"双认证"（中国中绿华夏有机认证和欧盟有机认证）的牛奶品牌。A乳业公司有机奶系列产品分别在第五届、第六届、第七届、第九届、第十届、十一届中国国际有机食品博览会夺得金奖。

3. 如此高品质的有机奶，卖给了谁？

2009年至2014年，A乳业公司以主攻原料奶B端业务、尝试有机液态奶C端业务的战略进行发展。原料奶是指从奶牛乳房挤出、未经处理的生牛奶，主要客户为下游乳制品加工企业（B 端业务）；有机液态奶是指生牛乳经加热杀菌等方法处理后，分装出售的可直接饮用的牛奶，主要客户为市场消费者（C 端业务）。从图 3-3 可以看出，A 乳业公司从 2012 年才开始尝试 C 端业务，销售收入来源仍然以 B 端业务为主。

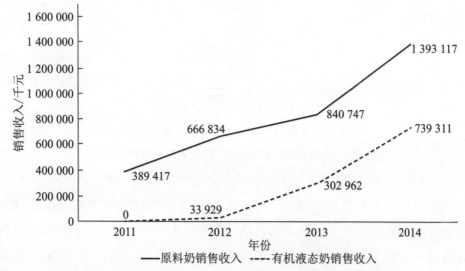

图 3-3　A 乳业公司 2011—2014 年原料奶和有机液态奶销售收入

数据来源：2014 年 A 乳业公司招股说明书和年度报告。

A 乳业公司 B 端业务呈现以蒙牛、伊利、旺旺等五大客户为主，其他客户为辅的格局。2011 年至 2013 年间，A 乳业公司的前五大客户对其销售收入的贡献分别为 99.7%、95.6% 和 77%，其中蒙牛为 A 乳业公司贡献的销售收入占比分别达到 99.4%、94.6% 和 58.3%。[①] 创始人姚同山曾在蒙牛任职八年，离职前担任蒙牛的财务总监，而创始团队中大部分人也通过任职、投资或业务交易等与蒙牛渊源甚深。由于此种关系，A 乳业公司的原料奶 B 端业务对蒙牛一度存在着高度依赖。

大客户的销售收入占比虽大，但呈逐年减少的趋势。从图 3-4 可以看出，2011 年蒙牛及其他四个大客户占 A 乳业公司销售收入的比例为 99.7%，而 2013 年这个比例下降为 77%，其他客户销售收入占比从 2011 年的 0.3% 上升为 2013 年的 23%。

---

① 数据来源：2014 年 A 乳业公司招股说明书。

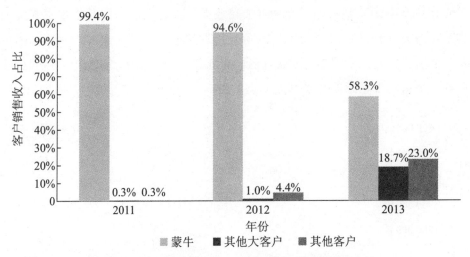

图 3-4　A 乳业公司 2011—2013 年客户销售收入占比

数据来源：2014 年 A 乳业公司招股说明书。

在有机液态奶 C 端业务方面，A 乳业公司于 2012 年开始生产并销售 A 乳业公司自有品牌的有机液态奶产品。从图 3-5 中可以看出，A 乳业公司自有品牌的有机液态奶 C 端业务销售收入占比逐年上升，2012 年至 2014 年分别占比 4.84%、26.49% 和 34.67%，截至 2014 年，有机液态奶 C 端业务的销售收入已占总营业收入的 1/3 左右。

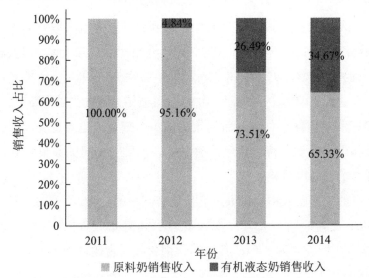

图 3-5　A 乳业公司 2011-2014 年原料奶和有机液态奶销售收入占比

数据来源：A 乳业公司招股说明书和年度报告。

4. 沙漠里的高科技奶，成本高吗？

在沙漠里种植牧草、养殖奶牛、生产牛奶，前期投入成本相对较高，但 A 乳业公司在运营过程中可谓是精打细算，在控制成本和提高效率方面也下足了功夫。

财务管理出身的创始人姚同山对成本控制有着深刻的理解，他对 A 乳业公司各环节的管理有着这样的阐述："在预算垂直管理的基础上，从低效走向高效，五项标准化管控和 40 个点的紧密跟踪，使传统的畜牧业养殖管理体系从被动走向主动，从粗放走向精细，使管理团队的管理意识主动进行精细化管理，使我们的管理费用和成本远远低于同行，抛弃粗放式管理，进行集约化精细管理，使产奶成本优化处于行业前列水平，而这是建立在保证有机奶质量体系和严密的考核体系之上的。"①

A 乳业公司将饲料生产、奶牛养殖和乳制品加工环节规模化、标准化，进行机械化管理，并形成了全程有机产业链条。有机饲草料基地包括有机肥料加工厂、叶面肥生产厂，并配备了液态肥施肥系统。有机牧场均建在草场中心区域，设有办公区、生活区、饲草料区、养殖区、挤奶区，建有多座宽敞明亮、配套齐全的牛舍，配备有兽医处置室、青贮窖、有机粪肥处理厂、机械库及饲草料加工器械、清粪器械等。在生产加工方面，A 乳业公司采用了国际先进设备，并制定了严格的质量控制和工艺流程。

除此之外，内蒙古当地政府对 A 乳业公司也给予了大力的支持。为加快推进现代农牧业高质量发展，改善乌兰布和沙漠的生态环境，内蒙古自治区巴彦淖尔市磴口县政府积极探索治沙道路，引进和培育了多家沙产业龙头企业，形成了独特的沙产业发展体系。

在上述各种外部事件和内部措施的合力下，A 乳业公司既保证了牛奶的品质，同时又将成本降到了最低，以高性价比吸引了蒙牛、伊利等行业大客户的订购。2011 年到 2014 年，营业收入每年几乎翻倍增长，净利润除因 2012 年开辟了液态奶业务有所下降外，整体一路稳步上升，并于 2014 年成功赴港上市（见图 3-6）。

---

① 引用来源：《A 乳业公司高科的慢功夫》（《首席财务官》，2013 年 09 期）。

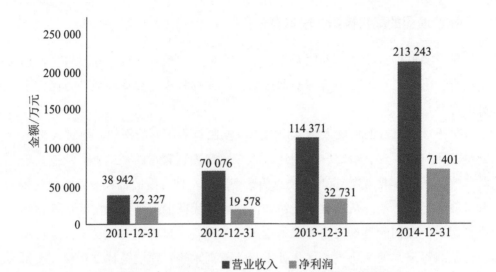

图 3-6　A 乳业公司 2011—2014 年营业收入和净利润情况

数据来源：2014 年 A 乳业公司年度报告。

3.1.2　2015 年至 2018 年：四年衰落，扩大 C 端，业绩大幅下跌，濒临破产

上市后，A 乳业公司成为国内最大的有机原料奶生产企业，然而好景不长，业绩下滑的阴霾逐渐笼罩。由图 3-7 可以看出，2015 年 A 乳业公司的业绩还是非常可喜的，营收 31.01 亿元，净利润 8.01 亿元。而到了 2016 年，A 乳业公司业绩开始下降，营业收入虽升至 34.66 亿元，但净利润下降至 6.81 亿元，在营业收入增长 11.80% 的情况下净利润却下降了 14.99%。2017 年出现首次亏损，营收净利双双下滑，其中，营业收入 27.07 亿元，较 2016 年下滑 21.92%，净利润亏损 9.86 亿元，下滑幅度达到惊人的 244.84%。2018 年，A 乳业公司实现营收 21.64 亿元，较 2017 年又下滑了 20.04%，净利润亏损进一步扩大至 22.25 亿元，亏损额增长了 125.73%。

惨淡的业绩使得 A 乳业公司的股价出现了大幅波动，自 2016 年 10 月达到峰值，即每股 2.65 港元后，就一路下跌，2018 年 9 月跌至最低的 0.242 港元，跌幅高达 90.88%（见图 3-8）。

同一时期，有机奶制品越来越受消费者的欢迎，自 2005 年高端白奶特仑

苏上市以来,高端白奶的消费规模稳定增长,有机奶作为高端白奶最具代表性的品类,总体市场规模由 2011 年不足 30 亿元高速增长至 2017 年的近 140 亿元,年复合增速达 31.48%(见图 3-9)。

那么,在有机奶市场规模持续增长的东风下,高歌猛进五年的 A 乳业公司怎么会突然走向业绩连亏呢?

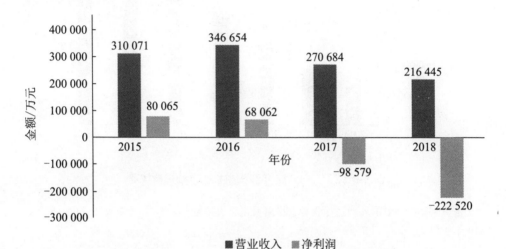

图 3-7   A 乳业公司 2015—2018 年营业收入和净利润情况

数据来源:2015—2018 年 A 乳业公司年度报告。

图 3-8   A 乳业公司 2015-2018 年月 K 线情况

数据来源:同花顺网。

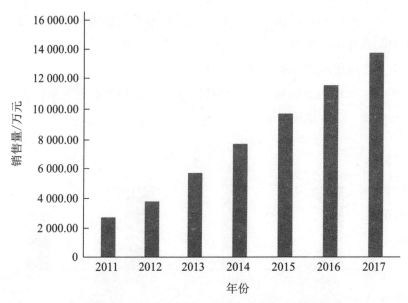

图 3-9   2011—2017 年我国有机奶市场规模情况

数据来源：《中国乳制品行业竞争格局及未来发展趋势分析》(《中国产业信息网》，2019 年 3 月 28 日)。

1. 为何 C 端业务火力全开，却出力不讨好？

2015 年，A 乳业公司正式进军有机液态奶 C 端业务，然而，两方面因素使得其业绩表现并不理想。一方面，原料奶 B 端业务受国际原料奶供求关系影响，价格持续下跌，利润空间被大幅压缩。另一方面，有机液态奶 C 端业务在产品研发和营销渠道上的持续投入，使得销售成本成倍增加。

1）原料奶收入遭遇"寒冬"，B 端业务销售收入严重"缩水"

2014 年，国内开始出现原料奶整体价格下降和乳制品进口量大幅增长的双重困境。中国乳业行业出现了奶价下跌、企业压奶、奶农亏损等情况，并在全国蔓延开来，倒奶杀牛事件时有发生。一方面，2013 年的"奶荒"使得新西兰、澳大利亚、欧盟、美国等全球主要产区持续扩大产能，并在 2014 年出现了产能过剩，全球原料奶价格同比下降超过 30%。另一方面，2014 年 1 月至 9 月，全国乳制品进口量同比增长了 36.5%。[①]

从图 3-10 可以看出，A 乳业公司有机原料奶价格自 2015 年以来就一路

---

① 数据来源：《2015 年中国牛奶业行业发展概况分析》(中国产业信息网，2016 年 4 月 25 日)。

下跌，到 2018 年已跌到普通原料奶的价格。在不利的市场形势以及其他客观因素的共同作用下，为追求更大的利润空间，从 2015 年开始，A 乳业公司将业务的重心转向毛利率更高的有机液态奶 C 端业务中。

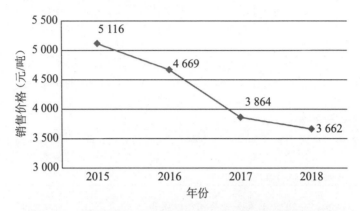

图 3-10　A 乳业公司 2015—2018 年有机原料奶销售价格情况

数据来源：2015—2018 年 A 乳业公司年度报告。

2）研发新产品、搭建新渠道，C 端业务销售成本飙升

从 2008 年发生"三聚氰胺事件"以来，乳业行业经过了一系列的洗牌，蒙牛、伊利、光明等少数龙头企业开始独占鳌头，竞争态势逐渐激烈。除加紧布局上游奶源外，各龙头企业也不断开发新产品、拓展新渠道、维护品牌形象。在这样的市场环境影响下，A 乳业公司也开始加大研发有机液态奶 C 端产品的力度，并迅速搭建起了营销渠道，加强了品牌的宣传力度。

A 乳业公司的产品线经过几年的发展，逐渐扩大至包括有机全脂奶、有机低脂奶、有机儿童奶、有机酸奶、有机沙棘酸奶、有机儿童酸奶六个品类。其中有机全脂奶业务发展出了挚醇、名醇、品醇、优醇等多个子品牌，它们在净含量、乳蛋白含量、钙含量、每箱数量和口感方面有些许差异。2015 年，A 乳业公司推出了含有沙漠中常见的沙棘成分的有机沙棘酸奶。2016 年，A 乳业公司又推出了其独创的酸奶冷鲜机。

同时，A 乳业公司也开始扩张销售渠道，至 2016 年，分销商基本实现了全国范围内重点城市的全覆盖，并对各级市场网络进行了精细化管理。除了传统分销网络，A 乳业公司还开辟了 O2O 模式，并横向整合了天猫、京东等大型电商平台，同时建立了会员在线购物平台，拓展了在线购买的途径（见表 3-1）。

表 3-1　A 乳业公司 2015-2018 年有机液态奶销售渠道建设

年　份	渠 道 建 设
2015	传统分销网络覆盖所有一、二线城市，大幅快速提升三、四线城市网点覆盖率；发展超级社区战略，在全国铺设 85 000 余个超级社区店
2016	在现有一、二线城市及重点三、四线城市的传统分销网络的基础上，继续深化三、四线城市网络建设，实施精细化单店管理；继续发展超级社区店和社区旗舰店战略
2017	传统分销网络继续大力扶持经销商、分销商，执行现代商超（A 类店）通路计划，在大润发、欧尚等大型连锁超市均覆盖 A 乳业公司有机液态奶产品；与苏宁达成战略合作协议，加入苏宁"8.18"全民购物狂欢盛宴；与新兴社交营销电商云集微店合作，邀请网红店主前往基地参观
2018	传统分销网络实现全国重点连锁大卖场均完成进场；与京东达成战略合作，推出了 JOY 联名定制款，建立京东专属牧场，全程直播京东品牌溯源团探访 A 乳业公司磴口基地的全过程，累计百万余人次观看

数据来源：2015—2018 年 A 乳业公司年度报告。

在品牌营销上，A 乳业公司通过包装传播、品牌活动传播、展会传播、在线传播、线下传播五大版块进行了多维度的宣传，打造出了"有机牛奶第一品牌"的形象。A 乳业公司通过"A 乳业公司有机之旅"邀请消费者和媒体参观沙漠生产基地，并通过上海国际有机食品博览会对外展示了有机种植喷灌生态圈，组织了现场品尝等活动（见图 3-11）。A 乳业公司也开展了一系列线下互动，如"有机日宣传活动"、赞助 2015 年的黄河口（东营）国际

图 3-11　"A 乳业公司有机之旅"活动照

图片来源：企业提供。

马拉松大赛等。2016 年，A 乳业公司与 20 多所高校开展了以"勇敢挑战不可能，沙漠里追逐有机梦"为主题的演讲，激励大学生做绿色践行者。另外，A 乳业公司在地铁、公交、电视上也有着持续的广告投入。

在产品、营销和渠道上的投入直观地反映到液态奶的销售成本中。如图 3-12 所示，2015 年有机液态奶销售成本接近 8 亿元，是 2014 年的 2.6 倍。2016 年虽然增速放缓，但也增加了将近 2 亿元，达到近 10 亿元。2017 年，由于公司亏损，销售成本降到了比 2015 年还低的水平。

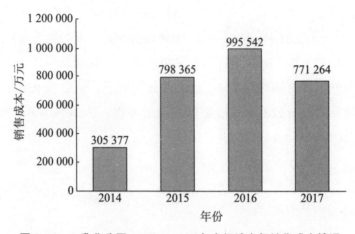

图 3-12　A 乳业公司 2014—2017 年有机液态奶销售成本情况

数据来源：2014—2018 年 A 乳业公司年度报告。

2. 有机液态奶销售受阻，"跳楼价"促销行得通吗？

随着整个乳业产业进入持续的寒冬期，奶源过剩成了所有大型牧场的主要问题，A 乳业公司也未能幸免。为处理过剩的产能，A 乳业公司通过疯狂打折、市场促销等活动来解决这一问题，把有高端价值的有机奶卖成了"白菜价"，一款有机奶的最终价格比普通的牛奶还低。

以价换市的操作从 2017 年初开始接近疯狂，在很长的一段时间里，A 乳业公司的全线产品在超市中几乎都处于买一赠一和打折的状态。买一赠一的产品有的是临近保质期，有的则是单纯用于活动促销。在北京的一家永辉超市内，购买一箱 A 乳业公司全程有机儿童奶，赠送一箱 A 乳业公司全程有机儿童风味发酵乳。A 乳业公司全程有机奶环保装原价一箱 78 元，现价一箱 58 元还加送一箱，降价幅度达到 62.8%。原价 62 元的 A 乳业公司全程有机纯牛奶精品装打 4 折，仅以 24.8 元的价格销售。[①]

A 乳业公司还将牛奶送进高校，供在校师生免费体验。2018 年，在北京某高校校庆期间，A 乳业公司为各食堂准备了大批牛奶。早餐时间，只要师生在食堂窗口买早餐，无论消费了多少，均可免费获得一盒 A 乳业公司有机奶。这一活动持续了整整一个月，但活动期间没有任何人员进行数据收集或市场调研活动。

如此疯狂的低价促销手段并没有改善有机液态奶的销售局面，如图 3-13 所示，2017 年，A 乳业公司有机液态奶产品销量和销售收入双双下降，较 2016 年降幅分别为 21.7% 和 31.8%。面对此等局面，A 乳业公司转而要求市场终端全面稳定价格，提升品牌形象。2018 年，A 乳业公司严格执行了高价策略，停止低价促销活动，并进行了产品包装升级，但这些举措并没有使市场回暖，反而直接导致其有机液态奶 C 端业务收入从 2017 年的 14.6 亿元迅速下跌到 2018 年的 8.4 亿元，几乎腰斩。

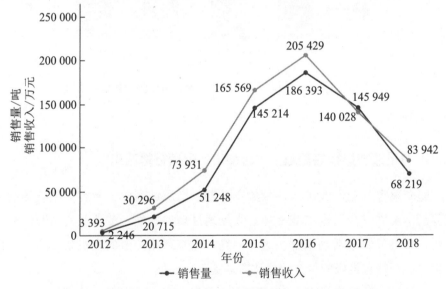

图 3-13　A 乳业公司 2012—2018 年有机液态奶销售量和销售收入情况

数据来源：2014—2018 年 A 乳业公司年度报告。

---

① 数据来源：《A 乳业公司产品几乎全线打折换帅两个月翻身仗不好打》（《北京商报》，2017 年 8 月 24 日）。

3. 主动减少部分有机认证，为何"自废武功"？

"中国最大有机乳品公司" A 乳业公司在业绩连年亏损后，选择采取减少牧场的有机认证来降低运营成本。A 乳业公司认为在现金流紧张的情况下，减少部分有机认证，一方面可以节省每年大笔的认证费，另一方面可以减少有机养殖规模和成本，增加有机奶稀缺性。

不再申请的有机认证仅适用于销售至第三方的原料奶业务，其自有的有机液态奶产品将继续通过有机牧场供应的原料奶来生产。A 乳业公司表示，未来如果出现有关市场的认证需求，公司将在六个月时间内申请通过有机认证，并根据有关规则及准则将有关牧场转换为有机牧场。

4. 资金链濒临断裂，卖身伊利？

2018 年，A 乳业公司实现收入 28.9 亿元，较上年同期上升了 6.7%，但母公司拥有人应占亏损高达 22.25 亿元，同比增长了 119.2%，这一亏损数字十分惊人。毕竟，2018 年 A 乳业公司的净资产不过才 28.8 亿元。这次亏损一方面受到其旗下两家全资附属公司贸易应收款和其他应收款项计提减值拨备 10.6 亿元影响，另一方面是由于生物资产公平值减销售费用变动亏损增长至 13.2 亿元。这两项拖累 A 乳业公司的奶牛养殖业务从 2017 年的盈利 2 亿元变为亏损 10.5 亿元。与此同时，液态奶业务也较去年同期多亏损了 2.1 亿元。[①]

A 乳业公司资金链濒临断裂，急需止亏，需要融资，而最好的办法就是卖出其已成为短板的下游工厂。其实，早在 2016 年，伊利曾经向 A 乳业公司伸出过橄榄枝。按照当年 10 月份伊利的公告，伊利打算动用 46 亿元收购 A 乳业公司 37% 的股权，但该交易最终在 2017 年 4 月底宣布流产。

3.1.3 2018 年底至今：贱卖股权，蒙牛入驻，老主顾伸援手成救世主

A 乳业公司尽管亏损巨大，但是其拥有沙漠有机奶源优势，生产环节也没有问题，最致命的问题是市场营销方面能力很差。而对于蒙牛来说，成熟

---

① 数据来源：2018 年 A 乳业公司年度报告。

的销售渠道、市场营销的优势恰好可以弥补 A 乳业公司的短板。

2018 年 12 月 24 日，A 乳业公司宣布其全资附属公司 A 乳业公司控股、A 乳业公司高科向内蒙古蒙牛乳业（集团）股份有限公司以仅仅 3.034 亿元人民币出售合计持有的内蒙古 A 乳业公司高科奶业有限公司 51% 的股权，并成立新的合资公司。A 乳业公司将所有下游乳制品业务链及相关资产转让给蒙牛，不再从事下游乳制品业务。2020 年 1 月，蒙牛收购了 A 乳业公司剩余 49% 的股权。未来 3 年，A 乳业公司至少 80% 的生鲜乳将供给蒙牛，同时将获得蒙牛贷款。

从蒙牛公司的角度来看，目前中国乳业呈现"双雄并立"的格局，伊利、蒙牛这两家乳业巨头都制订了营业收入突破 1 000 亿的目标，双方为了这一目标真是铆着劲在互相比拼，而蒙牛与伊利相比，依然存在着不小的差距。此外，目前的乳制品市场已经呈现出饱和的状态，为了实现进一步的发展，行业内的巨头企业纷纷通过并购同业公司的方式，增强自身的竞争力。

从 A 乳业公司方面来说，蒙牛在乳业行业深耕了 20 余年，其丰富的营销经验和成熟的营销渠道，将帮助 A 乳业公司脱离目前的营销困境，并使其重新聚焦于提升作为其核心竞争力的原料奶生产。

现阶段，蒙牛和 A 乳业公司已经联合推出了新的特仑苏纯牛奶和有机奶，新产品的乳蛋白和钙含量均高于以往的产品，分别为 3.8g/100mL 和 120mg/100mL，用于对标伊利金典的纯牛奶和有机奶。

2019 年，A 乳业公司销售收入 25.39 亿元，期内实现利润约 2 774.2 万元，实现了扭亏为盈。在 2020 年中期报告中，A 乳业公司发布了正面盈利预告，预计 2020 年上半年集团权益持有人应占综合溢利不少于 1.3 亿元，去年同期亏损 735 万元。A 乳业公司表示，2020 年上半年经营虽受新冠肺炎疫情影响，但集团专注改善内部管理，牛只单产提升，成本费用下降显著。

3.1.4　十年轮回，终回老路

A 乳业公司在 2018 年底出售给蒙牛后，重新致力于提升有机牧场的核心竞争力，未来力争转换更多有机牧场，巩固其有机奶源领域的领先地位。与此同时，继续提升有机牧场卓越运营能力，提高运营效率。此外，A 乳业公司将积极拓展海外有机饲草合作与认证业务，汇聚全球优质资源，夯实有机管控能力、打造优质产品形象。

十年时光，十年轮回。A 乳业公司在历经大起大落后似乎终于回到了正轨，而这条正轨又貌似和当年崛起时的路没什么两样。前半场一路高歌猛进的 A 乳业公司为何会在后半场摔得如此惨痛？被蒙牛收购后为何能够迅速止血？A 乳业公司十年浮沉背后的原因和教训值得复盘、深思和学习。

3.2　思考题

1. 2009 年至 2014 年，A 乳业公司是如何做到在短期内高歌猛进，迅速实现上市的？

2. 2015 年至 2018 年，A 乳业公司的营业收入和净利润为何断崖式下跌？

3. 在十年跌宕起伏的经营历程中，A 乳业公司凝聚了哪些核心竞争力？

4. 2018 年底"贱卖"给蒙牛后，A 乳业公司为何能够迅速扭亏为盈？

5. A 乳业公司十年间大起大落的经验和教训是什么？

3.3　分析思路

本案例的分析思路主要依据竞争战略理论中的成本领先战略和差异化战略展开，分析 A 乳业公司由上游原料奶 B 端业务供应向下游液态奶 C 端业务战略转型失败后又调整为主营上游业务战略的历程，探讨两种战略目标、内容、优劣势的不同。以核心竞争力为支撑，分析两种战略对企业能力要求的异同，从而理解 A 乳业公司转型失败的原因。

① 介绍 A 乳业公司从 2009 年创立之初到 2014 年最终上市短短五年的创业历程，结合成本领先战略，分析 A 乳业公司所积累的能力和优势。帮助学习者理解成本领先战略对于上游业务的意义在于其能不断降低成本和提高效率，以及企业都能在哪些方面获得成本领先的优势。

② 描述 A 乳业公司从 2014 年因经历市场波动后扩大下游液态奶 C 端业务到 2018 年利润下降为负期间所做的一系列差异化举措，并对这些措施做出

客观评价。帮助学习者理解差异化战略的含义和动机，以及实现差异化战略的途径，了解其对下游业务的意义在于吸引消费者并维护忠诚度。

③ 结合核心竞争力的相关理论，分析 A 乳业公司在十年的经营过程中所积累的独特竞争力及形成因素。

④ 描述 A 乳业公司 2018 年底将下游液态奶 C 端业务卖给蒙牛后成功转型的过程，并结合企业资源和能力，帮助学习者理解核心竞争力和竞争战略的匹配关系。

⑤ 结合 A 乳业公司的核心竞争力和竞争战略与外部环境的匹配程度，分析 A 乳业公司将来是否应进军下游液态奶 C 端市场。

图 3-14 将本案例的案例问题、主要情节和知识点进行了对应分析。旨在基于相关理论，讨论分析案例情节，进而逐一回答案例问题。

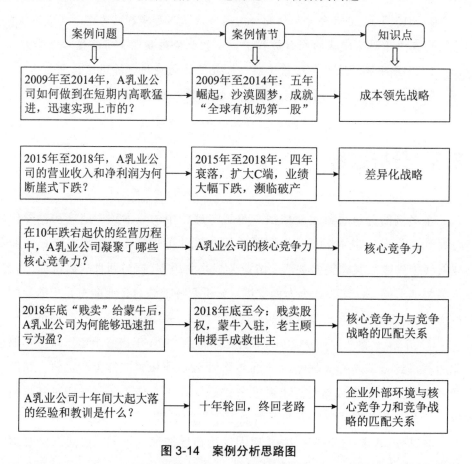

图 3-14　案例分析思路图

3.4　理论依据及分析

3.4.1　2009 年至 2014 年，A 乳业公司如何做到在短期内高歌猛进，迅速实现上市的？

理论依据

1. 成本领先战略的含义

成本领先战略指的是企业通过降低生产经营成本，成为市场竞争参与者中的成本最低者，并能以低于或近似于竞争对手的产品价格，获得市场占有率，进而拥有同行业平均水平以上的利润，再将所获得的额外利润作为资本投入到新装备和现代化设施上，以维持其低成本的地位，以此形成低成本、高市场占有率、高收益、更新设备的良性循环。

2. 成本领先战略的目标

实施成本领先战略有两个基本目标。直接目标是减少成本、扩大盈利。在资源一定的情况下，减少单位产品的消耗可以使企业生产出更多的产品，从而获得更多的利润。成本领先战略的最终目标是使企业保持竞争优势，形成行业壁垒。尤其是当企业面临着产品同质化严重、市场价格弹性较强、差异化途径较少、价格竞争相对激烈、买家议价权较高的产业竞争局面时，低成本生产商能以更低的成本生产与竞争对手同等品质的产品，拥有更多的灵活性来抵御客户讨价还价的风险，同时建立起规模和成本优势，使欲加入该行业的新进入者望而却步，形成进入障碍。

3. 企业获得成本领先优势的途径

企业一般可以通过控制重要价值活动的成本驱动因素获得成本领先优势，其在总成本中往往占有重大比例，这要求企业对其价值链里的每项活动进行逐项审查，识别并判定出其重要价值活动的成本驱动因素，进而对这些驱动因素进行有效控制。

控制成本驱动因素包含以下几种：

① 规模经济。指在一定的范围内，随着产量的增加，平均成本不断降低的事实。随着一项活动规模的扩大，支持该项活动所需要的基础设施或间接费用的增长低于其扩大的比例，这就可以产生规模经济。

② 学习与溢出。指一项价值活动因学习提高了效率从而让成本随着时间的推移而下降。学习可以从一个企业外溢到另一个企业，而持久的成本优势只能是专有学习的结果，因此外溢速度也决定了学习是有助于创造和保持企业的成本优势，还是仅仅降低了成本。

③ 联系。与销售渠道的联系对成本控制很重要，如果一个企业拥有特别的要素来源渠道，就会在生产类似产品的同行业企业中形成成本优势。

④ 整合。整合可以以若干种方式降低成本。它可以避免利用市场的成本，如采购和运输费用等，而且联合作业可以带来经济性。

⑤ 时机选择。一项价值活动的成本常常反映了时机选择成熟与否。有时，企业作为率先行动者之一可以获得捷足先登的优势。一些特殊的社会事件有时也会为企业提供独特的发展机遇。

⑥ 自主政策选择。企业可以通过内部的成本管理以及制定相关政策来降低成本。

⑦ 地理位置。地理位置对原材料、能源和其他因素的主要成本影响各不相同。由于各地方可用基础设施不同，地理位置也能影响企业基础设施的成本。相对买方的地理位置影响外部后勤的成本。厂房设施之间的相对位置影响着转船运输、库存、交通运输和协调的费用。

⑧ 政府政策。政府法规、免税期及其他财政刺激手段、关税和征税规定等在内的机构因素构成了最后一个主要的成本驱动因素。有利的政府因素则能降低成本。

案例分析

综合以上成本领先战略相关描述，A乳业公司于2009年进入乳品市场，在短短五年内，营收取得巨大飞跃，并最终实现了上市，究其原因，在于其进入市场的良好初衷与定位，以及其在发展壮大中不断培养的控制成本因素的能力。

1. A 乳业公司入局的初衷与定位

2008 年"三聚氰胺事件"爆发后,消费者对乳制品质量的要求进一步提高。在这一背景下,A 乳业公司秉持着"打造世界领先的沙草有机产业基地,形成种养加工全程有机产业链条"的使命,在沙漠中做到了自主研发、全程有机,并获得了国内外有机双认证的有机奶产品。产品的质量得到了保障,这也成了其定位高端的基础,而客户也愿意为过硬的质量买单。这个良性循环使 A 乳业公司的有机原料奶一经推出就能以高于市场的价格定价。

A 乳业公司作为上游原料奶企业,先期投入较大,对于市场价格波动较敏感,客户掌握较多话语权,这使得成本控制至关重要。

2. A 乳业公司控制成本因素能力

① 规模经济。A 乳业公司是中国唯一一家具有成规模的沙漠全程有机循环产业体系的有机乳品公司。其在乌兰布和沙漠种树近 8 000 万棵,开发有机饲料地 22 万亩,奶牛存栏逾 12 万头,牛奶标准远高于欧盟认证,集约化的生产模式和精细化的管理模式有效降低了全产业链条的成本。

② 学习与溢出。A 乳业公司成立十年,用辛勤的付出将乌兰布和沙漠从一片荒漠变成了"绿色家园",成功开创了"草—畜—肥—田—草"的有机循环方式和沙草全程有机奶产业发展的新模式,是我国第一个真正意义上的沙草产业。通过不断进行实践积累,A 乳业公司已形成了以沙漠为核心的"种—养—加工"全程有机奶产业链条。这样的经验是竞争对手无法轻易复制的。

③ 联系。基于与蒙牛和伊利等行业巨头的良好合作关系,A 乳业公司大大减少了开拓和维护原料奶 B 端业务销售渠道的成本。一方面,创始人姚同山和其他创始团队成员均与蒙牛关系紧密,蒙牛成为其大客户毫不令人意外。另一方面,蒙牛和伊利等大型奶企竞相争抢优质奶源,对 A 乳业公司的有机奶品质也十分认可,这一点从后来与伊利、蒙牛的长期合作以及接连接到两家公司伸出的橄榄枝中可见一斑。

④ 整合。由于 A 乳业公司的产业链已向上深入到了源头饲料生产,且发展出了自己独特的、规模化的有机饲料种植技术,从而省去了购入有机饲料的成本,避免了饲料市场价格动荡的风险。而其对有机牧场牛粪的充分利用

又提高了土壤的有机成分，有效地改善了饲草的种植效果，省去了购入有机肥料的成本和降低了面对肥料市场价格动荡的风险。此良性循环，极大地降低了 A 乳业公司种植、养殖业务的成本。

⑤ 时机选择。2008 年"三聚氰胺"事件之后，龙头企业纷纷布局优质奶源。A 乳业公司在 2009 年进入了乳品行业，并定位于高品质有机奶源，这使其从开始进入市场便能以高于行业平均的价格出售其有机原料奶，且需求量还能逐年增长。可以说，A 乳业公司进入市场以来，国内对优质奶源的争抢局面一路高涨，使得其在五年间的利润不断增长，并助推其最终上市。

⑥ 自主政策选择。A 乳业公司的创始人作为一名资深财务师，在创立 A 乳业公司之初就选择了综合降低公司运营成本的政策，并且尤其重视财务管理的效率。通过运用信息化技术，公司财务不仅实行了无纸化办公，还为每头牛建立了电子档案。技术和财务标准化的共同融合，让 A 乳业公司的管理从分散走向集约，从低效走向高效。

⑦ 地理位置。A 乳业公司的奶牛养殖场位于内蒙古呼和浩特乌兰布和沙漠，是业界公认的黄金奶源带，污染少，细菌、病毒及害虫的数量极少，而且，北方凉爽干燥的天气本就适合奶牛生长。集约化的生产布局降低了企业内价值活动之间的供应成本。而内蒙古的草原也是 A 乳业公司的大客户——蒙牛和伊利的大本营，A 乳业公司在内蒙古的布局也降低了其外部供应原料奶的成本。

⑧ 政府政策。A 乳业公司的成功，与当地政府在政策上不遗余力地支持与合作是分不开的。

综上所述，A 乳业公司短期内成功的原因可以从宏观和微观两个方面进行分析：

① 宏观上，2008 年"三聚氰胺"事件的发生使得消费者对高品质奶制品的需求增加，促使各大奶企布局优质奶源，A 乳业公司有机奶定位高端正符合了市场的需要，这使得 A 乳业公司的营业收入翻倍上升。

② 微观上，A 乳业公司从建立初期就秉持着降低成本、提高效率的经营理念，上下整合产业链形成了规模化生产，同时积累了大量的沙草产业的专业知识，其全程有机的理念也受到了行业大客户的青睐，外加其在乌兰布和沙漠的独特选址和当地政策的大力支持，都使得 A 乳业公司在成本上占据了有利地位，净利润持续上升。

3.4.2 2015 年至 2018 年，A 乳业公司的营业收入和净利润为何断崖式下跌？

理论依据

1. 差异化战略的含义

差异化战略指的是企业通过在产品、服务、企业形象等方面与竞争对手有明显差异以获得竞争优势而采取的战略。这种战略的重点是创造让客户觉得独特的产品和服务，使企业在一定的溢价下出售更多的产品，或者获得诸如买方忠诚等相应的利益，如果企业获得的利益超出形成差异的附加费用，那么此差异就会增加企业的利润。

2. 差异化战略的途径

差异化战略可以通过以下三种途径来获得：

① 产品差异化，指通过改善产品特性实现差异化，如外观、性能、质量等。这是实现差异化最根本、最直接的途径。企业在深入了解客户需要和偏好的基础上，结合自身所拥有的资源和能力，对产品进行改善，从而形成满足市场需求的差异化产品。

② 市场差异化，指通过改善产品与客户的交互实现差异化。交互的差异主要包括产品的售前与售后服务、购买渠道、交货方式与速度等，这些方面的改善能给客户带来极大的便捷性和极好的体验感，因此，它也是实现产品差异化的一个重要途径。

③ 形象差异化，指通过塑造独特的企业和产品形象实现差异化。在同类产品众多的情况下，客户不仅会通过产品特性或交互方式选择产品，社会和心理因素也会影响其对产品或服务的选择。形象差异包括公司的经营风格、价值观、企业文化、品牌等，其中，通过提升公司的品牌形象实现差异化是最有效的途径。

3. 差异化战略的动机

当市场需求多样化程度较高时，标准化的产品将很难满足客户的需求，此时，企业会采取差异化战略来满足客户多样化的需求。此外，若产品有较多的途径实现差异化，且市场中的竞争对手大多采取不断推出新的产品特色以保持竞争优势的方式，则企业也需要用差异化战略予以应对。若产品的差异能被客户感知到并被认为是有价值的，企业便可以培养客户对其产品的忠诚度，进而获得超水平的利润。

案例分析

1. A 乳业公司选择差异化战略的动机

如前文所指出的，在液态奶市场中竞争的企业都在不断推出新产品，以多样化和创新性来满足消费者的需求，增加消费者的购买欲。通过品牌的打造和宣传，蒙牛、伊利等龙头企业打开了知名度并建立了一定的客户认可度和忠诚度。在这样的市场环境下，A 乳业公司需要通过差异化战略进入液态奶市场，通过独特的产品、更多的交互方式和更鲜明的品牌形象，来吸引消费者的目光，构建其在消费者心中的价值感。

2. A 乳业公司如何实施差异化战略

1）产品差异化

在产品差异化方面，A 乳业公司于 2012 年推出了自己的有机液态奶产品组合，并逐渐增加至六个品类，还推出了一些子品牌，满足了不同消费人群对营养、口感和价位的差异化需求。2015 年推出的有机沙棘酸奶，结合了其地处沙漠的区域优势，满足了市场对健康、营养的高端消费要求。2016 年，A 乳业公司推出的酸奶冷鲜机让消费者可在公共场所现场制作低温有机酸奶，减少了运输等中间环节，在降低了销售成本的同时也方便了消费者。从品质上来说，A 乳业公司销售的有机液态奶均由其有机牧场供应原料，均含有较高的乳蛋白和原生钙。从外观上看，A 乳业公司的有机液态奶品牌包装上均印有代表性的有机认证标志，体现了其有机的特点。而在质量方面，每件产品底下均有受国家认监委认可的用于追溯生产源头的条形码，使其产品质量得到了国家级的保障，让消费者买得更加放心。

2）市场差异化

在市场差异化方面，A 乳业公司于 2014 年推出了 O2O 营销方式，将线上快捷支付和线下实时送达相结合，在提高消费者消费体验的同时，还将关注有机健康的群体引流到了线上。2015 年，A 乳业公司进一步横向整合线上资源，并建立了线上购物平台，充分满足了各方消费者的线上购物需求。2017 年和 2018 年，A 乳业公司分别与苏宁、京东达成战略合作协议，并为苏宁和京东建立了专属牧场，出产专供苏宁会员的乳制品、推出了 JOY 联名定制款。A 乳业公司也积极发展直播渠道，邀请云集微店网红店主前往基地参观，并全程直播了京东品牌溯源团探访 A 乳业公司磴口基地的全过程，充分利用平台与客户进行多元化营销互动。在市场战略上，2015 年初，A 乳业公司的超级社区战略让产品销售终端深入目标消费社区，更直接地与目标消费者接触，降低了消费者购买的时间和物流成本，提高了消费体验，同时提升了产品知名度。而 2016 年的酸奶冷鲜机是 A 乳业公司进一步靠近消费者及降低成本的战略尝试。

3）形象差异化

在形象差异化方面，A 乳业公司通过邀请消费者和媒体参观沙漠生产基地，并通过展会对外展示等，进一步拉近了与消费者的距离，使其有机产品的形象更加具象化。A 乳业公司开展的一系列线下互动，在号召消费者支持有机、生态、健康的同时，也使得健康有机、绿色环保的产品定位更加深入人心。而在公共交通、电视频道等大众传播渠道的布局也增加了产品的曝光度。

3. A 乳业公司实施差异化战略的效果

虽然在差异化的道路上，A 乳业公司做出了一系列的努力，但是从其业绩来看，效果并不尽如人意。在与蒙牛、伊利等龙头企业的激烈竞争中，A 乳业公司在产品、市场和形象三方面都没有凸显出其独特的价值。更遗憾的是，后期为了清理库存，A 乳业公司采取了降价促销的策略，极大地损害了其高端有机奶的品牌定位，使其有机液态奶业务的利润被进一步压缩，最终导致了亏损。

1）产品差异化

A 乳业公司的有机液态奶产品组合只有六个品类，相比于蒙牛、伊利的产品品类少太多，消费者可以选择的产品不多。另外，A 乳业公司产品在外包装上并没有突出体现高品质、高营养的价值感，与市场上同品类的产品没有太多的差异。在口感和营养价值上，A 乳业公司有机奶和金典、特仑苏等其他品牌有机液态奶的差异度也并非十分显著。

2）市场差异化

A 乳业公司虽然在市场营销和渠道布局方面做出了一系列努力，但与蒙牛、伊利、光明等龙头企业没有形成明显区分。A 乳业公司主打高端有机奶，所以在某些市场缺乏纵深，有些小便利店或者小超市里面并没有 A 乳业公司的品牌，可以看到，A 乳业公司的渠道铺设得不广。虽然其在 2014 年推出了线上购买渠道，但是 A 乳业公司仍然更加依赖传统线下经销商渠道。

3）形象差异化

A 乳业公司在品牌产品的概念制造上也没有保持住自己的特色。在国内乳业行业整体不振的情况下，经销商为将滞销的产品卖出，采取了大幅降价的销售策略，导致有机产品与一般的牛奶难以区分，这就无法撑起高端市场，同时也降低了品牌的溢价能力。另外，A 乳业公司为了减少成本压力，减少了一些有机牧场的认证，从根本上违背了其高端有机的宣传形象。高端有机奶以商场促销的方式出售，不仅液态奶过剩问题没有解决，同时让自有的有机品牌形象在消费者心中大打折扣。虽然打折促销可以消化奶源，获得微利，但是纵观 A 乳业公司在终端市场的营销策略，却难以持久。以较高的折扣促销，对于有机奶这种高端产品来说，并不利于其在市场的发展，很容易使得消费者对于有机奶这样的产品形成错误的认知，而且打折促销并没有带来预期的销量增长，反而使得后来的稳价策略失效，收入腰斩。

总体而言，A 乳业公司在产品、市场渠道和推广、品牌形象上均没有明显区别于竞争对手的差异性，更多的是模仿蒙牛特仑苏和伊利金典这类具备多年 C 端市场丰富经验企业的产品策略。但由于此时 A 乳业公司优势仍主要集中在 B 端业务，C 端业务市场渠道并没有成熟，在消费者心中还没有树立起高端有机液态奶的品牌形象，加之促销推广活动以价格战为主自降“身段”，导致销售成本大幅增长的同时营收不升反降，最终出现亏损的局面。

3.4.3 在十年跌宕起伏的经营历程中，A 乳业公司凝聚了哪些核心竞争力？

理论依据

1. 核心竞争力的含义

核心竞争力是企业在长期生产经营过程中的知识积累和特殊的技能（包括技术、管理等方面）以及相关的资源（如人力资源、财务资源、品牌资源、企业文化等）组合成的一个综合体系，是企业独具的、能支撑其竞争优势的一种能力。

2. 核心竞争力的判别

核心竞争力具有四个方面的特征：

① 价值性。核心竞争力应能帮助企业在创造独特的价值或降低成本方面比竞争对手能力更强，显著提高企业运营效率，或对产品为客户带来的可感知价值有重大贡献。

② 稀缺性。核心竞争力是一种专门资产，是企业累积性学习的结果，是只有极少数竞争者所能拥有的能力。

③ 难以模仿性。核心竞争力是关于企业如何协调各种资源和能力的隐性知识，是特定的组织结构和企业文化的个性化综合产物。其不对外公开、无法直接传授、使用中难以察觉而又自成体系等特点使其很难被交易或模仿。

④ 不可替代性。核心竞争力所创造的独特价值是竞争对手用其他能力所不能替代的。

案例分析

经过十年的辛勤耕耘，A 乳业公司从一片"六无"的荒漠中崛起成为中国唯一一个拥有国际标准的全程有机认证品牌，并围绕着这一宗旨逐步打造其核心竞争力，主要包括以下四点：

1. 全程有机

① 价值性。A乳业公司通过"有机种植""有机养殖"和"有机加工"的全程有机生产封闭循环体系，将其有机奶打造成了具有独特技术、品质和营养价值的产品。因此，A乳业公司作为高品质奶源，一直受到同行业龙头乳企的青睐，有很强的价值性。

② 稀缺性。A乳业公司的全程有机奶曾多次获得中国国际有机食品博览会金奖，不仅获得了国内的有机食品认证，更是中国唯一一家符合欧盟有机标准的垂直整合有机乳品公司，有很强的稀缺性。

③ 难以模仿性。A乳业公司独创的沙漠有机生产链条是经过几年的探索发展出的，由于其生产技术科技含量高，使得这种能力很难被竞争对手所复制，有很强的难以模仿性。

④ 不可替代性。由于有机食品越来越受到市场的欢迎，蒙牛、伊利等龙头企业也相继推出了自己的有机奶产品，尽管并非全程有机，但在营养价值和品质方面与A乳业公司全程有机奶的差别并不明显，不可替代性较弱。

2. 降低成本

① 价值性。A乳业公司的财务数据和销售数据一度高歌猛进，除了有机奶的毛利率高且销量大幅增长外，很大程度上与其严格的成本控制策略和技术有关，有很强的价值性。

② 稀缺性。A乳业公司"种养加工"的全产业链整合和"草—畜—肥—田—草"的有机循环方式，省去了化肥、饲草等中间环节的成本。行业中尚无其他企业形成此种降低成本的能力，有很强的稀缺性。

③ 难以模仿性。A乳业公司通过产业链整合所构建的成本降低能力是通过不断地积累探索出的，有很高的科技含量，很难被其他企业模仿。

④ 不可替代性。虽然A乳业公司降低成本的能力很强，但也可通过并购等其他方式间接获得，且成本的降低所带来的利润率的提高也可通过提高溢价来获得，所以此种能力的不可替代性较弱。

3. 沙漠资源

① 价值性。乌兰布和沙漠是 A 乳业公司最具价值的独特资源。沙漠地区远离污染,阳光直晒有利于杀灭病毒、提高奶牛钙质合成,地下水资源丰富则利于饲草种植。这种独特的自然条件都助推了 A 乳业公司全程有机奶产业的形成。

② 稀缺性。乌兰布和沙漠独特的地理位置和自然条件是独一无二的,且 A 乳业公司的沙漠种植养殖技术在全国范围内并无先例,至今也并无其他公司有此种能力,有很强的稀缺性。

③ 难以模仿性。沙漠种植养殖的技术要求非常高,需要长时间地积累与摸索,其他企业很难模仿。

④ 不可替代性。沙漠的自然条件是很难用其他技术能力弥补的。

4. 企业文化

① 价值性。如前文所述,创始人姚同山曾担任过蒙牛集团的财务总监,作为一个财务人,他将诸多的财务基因注入到了 A 乳业公司。在他"慢工出细活"的领导风格和"源头治理"的成本原则下,A 乳业公司不断磨炼它的沙漠种植养殖技术,实行标准化和自动化控制,着力培养管理团队的精细化管理意识并建立相应的考核体系,从根源上降低费用和成本,具有很强的价值性。

② 稀缺性。A 乳业公司的成本领先的企业文化并非其独有,稀缺性较弱。

③ 难以模仿性。A 乳业公司的企业文化受到了其创始人财务背景的影响,并通过管理制度和考核体系等方面渗透进了 A 乳业公司员工的心中,且 A 乳业公司的控制和管理体系是基于其自身的技术要求和工艺流程制定的,所以具有较强的难以模仿性。

④ 不可替代性。A 乳业公司的企业文化是支撑其成本领先战略的根源,公司围绕这个核心理念构建了相应的体系和制度,这是无法用其他能力替代的。

综上所述,通过从四个方面对 A 乳业公司的各资源与能力进行分析(见表 3-2),发现其核心竞争力可总结为全程有机、降低成本、沙漠资源和企业文化。

表 3-2　A 乳业公司的核心竞争力分析

项　　目	价 值 性	稀 缺 性	难以模仿性	不可替代性	核心竞争力
全程有机	强	强	强	弱	√
降低成本	强	强	强	弱	√
沙漠资源	强	强	强	强	√
企业文化	强	弱	强	强	√

全程有机、降低成本、沙漠资源和企业文化这四项能力，全部聚集在生产端而非消费端。A 乳业公司在降低生产成本、提高生产效率、确保产品品质方面积累了资源，形成了核心竞争力，但在品牌打造、市场推广等方面存在短板。

3.4.4　2018 年底"贱卖"给蒙牛后，A 乳业公司的业绩为何能够迅速扭亏为盈？

理论依据

由上述成本领先战略和核心竞争力部分的理论可以看出，企业想要获得并保持成本领先战略的竞争优势，需要具备与之相对应的资源和能力，而企业的核心竞争力正是其具有核心优势的资源与能力的体现。因此，企业的核心竞争力需要与其竞争优势相匹配，才能使企业在竞争中保持优势地位。成本领先战略需要企业具备的资源与能力具体可以归结为以下几点：

① 业务流程便于整合，可形成规模经济。

② 在现代化设备方面进行大量的领先投资，具有先进的生产工艺技术，降低制造成本。

③ 全方位降低成本与费用，包括原材料、生产、运输等方面的成本，以及研究与开发、产品服务、人员推销、广告促销等方面的费用支出。

④ 建立严格的、以数量目标为基础的成本控制系统以及具有结构化的、职责分明的组织机构。

案例分析

对应以上所列出的实现成本领先战略的要求不难发现，A 乳业公司的核心竞争力十分有利于保持其成本领先的优势，具体可分为以下几点：

1）业务流程便于整合，可形成规模经济

A 乳业公司的业务覆盖了从饲草种植到奶制品加工的全过程，构建了"草场—牧场—工厂"的全封闭式运营环境，并将整个业务流程进行了高效的整合，加上其"牛粪还田，种养结合"的生产模式，有效地提高了整个生产阶段的供应链效率。全程有机的业务整合和规模化带来的低成本效应，使得 A 乳业公司的利润率不断提高。

2）在现代化设备方面进行大量的领先投资，具有先进的生产工艺技术，降低制造成本

A 乳业公司的生产过程中处处都有科技的身影，从沙漠中的饲草种植、防风固沙、水电路网的规划建设、奶牛沙漠养殖到奶制品加工生产线，整个流程无一不需要引进现代化设备与技术，这使得 A 乳业公司的生产效率提升而相应的制造成本降低。

3）全方位降低成本与费用，包括原材料、场地、运输等方面的成本，以及研究与开发、产品服务、人员推销、广告促销等方面的费用支出

从前文可知，A 乳业公司在降低成本方面的优势非常明显。在费用方面，A 乳业公司的原料奶因其高质量一直受到行业龙头企业的青睐，并不需要进行产品的推广；原料奶的购买方对于产品并没有多样化的要求，也不需要进行产品研发。

4）建立严格的、以数量目标为基础的成本控制系统以及具有结构化的、职责分明的组织机构

前文提到，姚同山是高级财务人员出身，他的团队从 A 乳业公司成立之初就运用了信息化技术，在 40 个关键节点上实行了严格的成本控制和精细化管理，极大地降低了生产和管理成本，形成了以降低成本为中心的企业文化。

由此可见，A 乳业公司的核心竞争力与成本领先战略对企业的要求匹配度非常高，这也是 A 乳业公司可以在成本领先战略中取得优势的原因（见表 3-3）。

表 3-3　A 乳业公司核心竞争力与竞争战略的匹配度

成本领先战略要求	核心竞争力	匹配度
业务流程便于整合，可形成规模经济	全程有机	高
在现代化设备方面进行大量的领先投资，具有先进的生产工艺技术，降低制造成本	降低成本	高
全方位降低成本与费用，包括原材料、生产、运输等方面的成本，以及研究与开发、产品服务、人员推销、广告促销等方面的费用支出	降低成本	高
建立严格的、以数量目标为基础的成本控制系统以及具有结构化的、职责分明的组织机构	企业文化	高

3.4.5　A乳业公司十年间大起大落的经验和教训是什么？

理论依据

　　企业想要通过竞争战略在市场上获得优势地位，需整合其内部的资源和能力，逐渐形成与其所选择战略相匹配的核心竞争力，以赢得并保持战略优势。企业在做出战略决策之前，需仔细研究其所处的外部环境，诸如政府相关政策导向、整体经济形势、社会对产品的认可度等，并分析其核心竞争力和所选择的竞争战略是否能够与外部环境中的机会相契合，同时预估可能的风险。

案例分析

　　B端多采用成本领先战略，C端多采用差异化战略，A乳业公司从B端延展业务至C端时，须充分结合外部环境因素，看准进入时机，找对方法，才能提升企业核心竞争力，争取C端市场份额。

1. 外部环境与时机分析

　　2015年的液态奶行业外部环境较差，没有出现明显的市场机会，A乳业公司进入C端业务的时机选择失误。2015年至2017年，我国乳业行业整体遭遇寒冬。政策方面，由于2014年中国与澳大利亚签订了自由贸易区协议，进口更加开放，导致外国低价奶源大量涌入中国，冲击了国内乳品行业。经济方面，2015年国内经济增长速度在"新常态"中进一步放缓，去产能、去库存和去杠杆进程尚未结束，多项宏观指标在趋势性和周期性因素的叠加影响下出现深度回落，经济增长动能不足，下行压力有增无减。社会方面，消费者对于高端有机牛奶还没有形成消费认知和习惯。技术方面，国内牛奶生产加工技艺并没有明显的变化，生产成本仍高于欧盟、新西兰等地。综合来看，一方面原料奶供给过剩但成本仍较高，另一方面有机奶需求并不旺盛，A乳业公司在此种外部环境下进军C端市场，并不是一个好时机。

　　短期内，A乳业公司应具备战略定力，进一步巩固自己在原料奶B端业务中的核心优势，以其低成本和高质量继续巩固行业地位。

　　长期来看，液态奶市场的利润率高，是乳业企业做大做强的必经之路，若 A 乳业公司仍有进军液态奶市场的雄心，需着力培养和提升液态奶 C 端业务所需的差异化能力。

2. 方法分析

A 乳业公司在开拓 C 端市场时，在产品研发、销售渠道和促销方式等方面的市场进入方法不合理。在产品研发方面，包装设计没有突出有机特点，品类也少于同类企业。在销售渠道选择上，仍然以线下渠道为主，且市场纵深不足。在促销策略上，采取了与同类企业无差别的宣传手法，没有树立起鲜明的品牌形象。总之，其采取的"增大研发投入、自建渠道"的高成本方法，只是推高了销售成本，并没有得到市场的认可。而在面对市场下行的局面时，A 乳业公司又采用了"买一赠一"等折扣促销策略，损害了尚在积累阶段的"高端有机奶"的品牌形象，使其后期的稳价策略失败，销量和利润猛跌。

总体而言，A 乳业公司在没有积累起产品独特性的情况下，迅速扩大了液态奶 C 端业务，面对下游市场激烈的竞争格局时所做出的差异化努力差强人意，与其他相对成熟的国内乳企相比并无明显优势，造成了其产品滞销、产能过剩、销量腰斩的局面。回顾 A 乳业公司战略摇摆的过程，其进入液态奶市场的决定是无奈的，也是仓促的，并没有做好充足的准备来面对激烈的市场竞争局面。仓促入局，不仅大幅增加了投入和风险，还蚕食了其在短时间内积累起来的生产优势。

A 乳业公司可以通过三个方法来提升 C 端业务的核心竞争力：

第一，通过学习蒙牛、伊利等大型乳企成熟的运营方法，积累研发实力与市场经验。这个方法稳定性最强，但获取竞争力速度较慢。

第二，可以对外招聘成熟的产品研发人员和渠道销售人员。这个方法稳定性较弱，但获取竞争力速度较快。

第三，可以与善于产品研发和渠道营销的企业签订战略协议，进行深入合作，帮助其迅速建立差异化优势。这个方法稳定性最弱，但获取竞争力速度最快。

A 乳业公司可先通过第三种方法，快速弥补自身在 C 端业务的能力短板，通过学习和转化，不断培养和提升自身的 C 端能力，逐步向第一种方法转换。

3.5 关键要点及总结

本案例以 A 乳业公司从 2009 年创立到 2018 年底被蒙牛收购这十年间大起大落的业绩表现为基础，梳理其背后的发展逻辑，引导学习者深入学习成本领先战略和差异化战略，助其理解企业自身能力对战略的支撑作用。

3.5.1 A 乳业公司战略决策失败的表现形式

A 乳业公司战略决策失败的表现形式主要包括以下四种：

■ 机会导向型决策：盲目追逐 C 端市场的利润空间，却没有考虑目标市场已被头部企业占据且竞争激烈的情况，自身不具备在 C 端开展业务的能力；

■ 固守经验型决策：依据企业在 B 端的成功经验，企图通过打折和促销拉动销售，最终导致产品在消费者心中定位和形象双重下降；

■ 战略摇摆型决策：定力不足，在进军 C 端受阻时，仍试图在 B 端和 C 端同时发力，甚至减少 B 端投入以支撑 C 端业务；

■ 感性冲动型决策：为避免投入 C 端的资源沉没受损，在新业务推进不畅时，没有及时止损，没能依据自身能力及时调整战略方向，仍以牺牲 B 端为代价继续投入 C 端，一错再错。

3.5.2 A 乳业公司战略决策失败的理论依据

A 乳业公司战略转型失败的主要原因是，其由成本领先向差异化转型的决策与战略管理的理论依据相悖。

成本领先战略是企业通过降低经营成本、提高生产效率，从而获得竞争优势的战略。成本领先战略大多应用于生产型企业，对成本控制要求比较高，属于"省钱"的战略，更适用于 B 端业务。

差异化战略理论是企业通过在产品、服务、企业形象等方面与竞争对手形成明显差异，以此来吸引并留住消费者，进而获得竞争优势的战略。差异化战略大多应用于直接面对消费者的销售端,属于"花钱"的战略,更适用于 C 端业务。

核心竞争力是企业基于自身资源和能力积累起来的独特能力,这种能力他人无法轻易复制,是企业保持竞争优势的护城河。核心竞争力的形成受到企业内部和外部环境的双重影响。

A 乳业公司在前五年发展迅猛,得益于成本领先战略与核心竞争力能够相匹配。而 A 乳业公司后四年转入 C 端业务后,发展陷入困境,就是因为企业的原核心竞争力不能够支撑差异化战略,且 A 乳业公司未能及时培养和弥补差异化战略所要求的企业核心竞争力。企业战略与能力的匹配关系是总结 A 乳业公司战略决策失败的关键理论要点。

第4章

搁浅的海上巨轮
——A 渔业公司多元化战略的困局

摘　要：A 公司是国有大型远洋捕捞企业，为降低一业独大的经营风险，提高盈利能力，自 2016 年开始，A 公司向产业链下游进军，尝试了包括海上运输、海产贸易、渔获物初加工、码头港口服务等在内的多项业务，但未达到预期目标。本案例复盘 A 公司 2016 年至 2020 年的业务拓展路径，基于多元化战略的分析框架，剖析其多元化经营失败的原因，旨在帮助学习者理解多元化战略的主要内容，可配合"战略管理"课程中多元化战略章节使用。

关键词：多元化战略、核心竞争力、渔业远洋

4.1　案例正文

A 公司为主营远洋捕捞业务的国有企业，自 20 世纪 80 年代开拓我国远洋渔业至今，已发展成为行业巨头，主要产品为鱿鱼、金枪鱼、鲣鱼、高价值虾类等。A 公司体量虽大，但始终处在产业链最前端，面临资源依赖程度高、产业链条短、利润低的挑战。

党的十八大以来，国家整体部署了"蓝色粮仓"重大项目,要求远洋渔业企业转型升级,调整业务结构。在国家大力支持远洋渔业发展的机遇期，A 公司试图开辟新的业务领域，向产业链下游拓展，寻找利润增

长点，以解决自身发展不平衡、不持续的问题。

然而，面对复杂的市场环境和陌生的业务领域，习惯了传统远洋捕捞业务的 A 公司能否迈出坚实的一步呢？

4.1.1 2015 年底的哲学三问

时间回到 2015 年 12 月底，A 公司总舵手赵总召集高管团队开会，颇具哲学气息的议题被大家肆意调侃，气氛欢快。但是，当赵总神情严肃地走进会场之后，气氛瞬间就凝重了，大家忽然感到这次会议似乎并不简单。在说明本次是战略制定前期研讨会后，赵总请各位就主题发言。

1. 我是谁？

对于"我是谁"这个问题，宣传部刘总轻车熟路地说："我司以远洋捕捞为主业，业务遍布各大经济海域，产品以鱿鱼、金枪鱼、高价值虾类等为主，至今已经稳健发展了三十多年，业务方式为销售原始渔获物给国内外的贸易商、加工企业等，不直接面向消费者，捕捞总量和营业收入均居行业前列，业内人士戏称我们是'鲨鱼'。捕捞是艰苦行业，常年漂泊，环境恶劣，'海上监狱'的名头让招工异常困难，不仅如此，受燃油成本和补贴政策变动影响，公司利润每年起伏都很大（见图 4-1），2012 年净利润 4 765 万元，2013 年却亏了 200 万元，2014 年猛然向好，创 6 023 万元新高，但是 2015 年又没能守住去年的光辉业绩。"

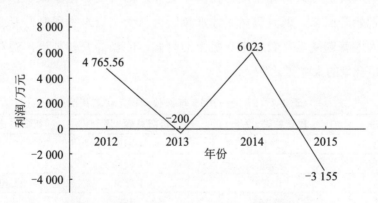

图 4-1 2012—2015 年 A 公司利润总额变动图

数据来源：A 公司财务部提供。

"刘总说得对。"审计部的张总对公司内外大大小小的问题了然于胸，接着赵总的话补充道，"我们经营方式粗放，营收大但利润率才 5.5%，在行业内大而不强，更像是'鲸鱼'，收入结构单一，捕捞业务收入占比 92%，以量取胜的模式已不符合现在企业的发展环境，业务模式一业独大，一旦老天爷不赏饭就得饿着，过于依赖资源导致公司抗风险能力差。"

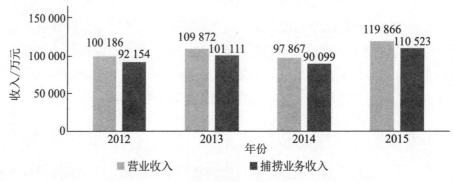

图 4-2　A 公司营业收入、捕捞业务收入情况

数据来源：A 公司提供。

"投资周期长，见效慢，捕捞船建造期限短则三年，长则五到七年。这不，2012 年开始建造的六艘船现在还没造好呢，再等两年估计鱼都被人打完了。"资产部的瑞总说道，"另外，随着海洋资源保护利用加强，现在的入渔限制明显增多，成本显著推高。再有，刚刚引以为豪的资产基础，其实也是巨大的负担，尾大不掉，折旧费用高，经营成本高，拖累了公司业绩（见表 4-1）。价格波动风险也很大，如果船已出海，就算产品市场价格下跌了，也不能不抓鱼就把船开回来。而且我司人才严重匮乏，受工资总额限制，专业人才和综合性人才普遍缺乏，我原来在船上的时候，能糊弄几句外语，都算是整个船上最复合型的人才了。"

表 4-1　2012—2015 年 A 公司固定资产折旧占比

年　份	利润总额 / 万元	折旧总额 / 万元	折旧占比 /%
2012	4 765.56	1 213	25.50
2013	−200	1 658	/
2014	6 023	1 555	26.10
2015	−3 155	1 789	/

数据来源：A 公司财务部提供。

2. 我在哪？

"很客观！"赵总忙着记笔记，顾不上抬头，"下面再说说我们目前在哪吧？"

"您是指我们目前所处的环境吧？"战略部小李娓娓道来，"首先，政策支持我们向综合发展转型。《"十三五"全国远洋渔业发展规划》要求加快转变发展方式，推进转型升级，努力建设绿色健康的远洋渔业产业体系。也就是说，远洋渔业不能再停留在干脏活累活的捕捞端了，国家希望我们多业态共同发展。

"同时，港口码头服务业持续火热。国家要求从简单的装卸功能向现代综合服务功能转型，要完善渔港配套设施和基本服务功能，发展渔区第二、第三产业，延伸产业链条。

"其次，水产品贸易业发展机遇也不错。一方面，我国中西部地区，尤其是农村地区水产品市场很不发达，人均年鱼虾消费量只有 4 公斤左右，不足城镇的三分之一。随着农村经济发展和城镇化进程推进，农村水产品市场潜力巨大。另一方面，居民对高档水产品的需求量急剧攀升，据联合国预测，2020 年中国人均海鲜消耗量将达 36 公斤，占总食品消费量的 36%。但目前国内高档水产品的产量增速无法追上需求攀升速度，价格大幅上涨，预计这种发展势头仍将保持相当长的一段时间。

"最后，我们竞争对手的实力一直在提高。行业重组兼并势头迅猛，很多'小、散、弱'的群众渔业公司受入渔成本、燃油成本、国际公约、管理水平等不利因素制约导致经营困难，逐渐被有能力的大公司兼并，行业企业数量减少，集中度提高。行业内现有企业的综合实力显著提高，我们的对手更强更大了。"

看到在座领导饶有兴趣，小李继续说道："但是，公司在海产品加工业和海上服务业两方面发展相对滞后。一是加工端研发投入年均 1 000 万元左右，仅占收入 1%，低于行业平均水平。二是冷链运输环节属于重资产运营，对企业的资金实力有较高要求，入门门槛高，目前全球范围的冷链运输市场多被希腊 Lavinia 集团占据。"

"分析得很对，"赵总接着说，"我前段时间去开创国际等企业调研，发现很多企业正紧锣密鼓地筹备向新领域进军。除了小李提到的这些，还有的企业准备向海滨旅游、生物医药提取等行业拓展。总的来说，有实力的企业在沿着产业链向下游延伸，依托优势向消费端进军，逐渐扩大业务范围，剥离低端业务。"

3. 想去哪？

赵总推了推眼镜说道："我们不是鲨鱼，只是一只温顺的、体型庞大的鲸鱼。真正的鲨鱼正在发展壮大，挤压我们的生存环境，如不能及时采取有效的应对措施，我们终将被大海淘汰。在政策、市场、竞争对手、自身发展等方面的综合考虑下，我们应立即向产业链中下游延展，利用自身优势实现追赶和超越！"

4.1.2 "想"和"能"的权衡

赵总的一席话获得在场人员的一致赞同，大家都跃跃欲试。但是，"想去"和"能去"之间，还隔着自身能力资源的鸿沟，毕竟，在纷杂的行业中，企业只能选择个别符合自身实力的。在追赶和超越前，首先要对"想"和"能"进行权衡。

1. 资源能力概览

"我们拥有各类捕捞渔船 120 多艘，船载捕捞设备先进齐全，年捕捞量 18 万余吨，同时拥有蓝鳍金枪鱼和南极磷虾捕捞配额，具备绝对的捕捞能力和前端资源把控能力；拥有配套的渔获加工厂 13 座，服务远洋渔业的运输船、加油船 5 艘，渔港码头基地 2 个，基础条件好，固定资产雄厚；业务早已进入成熟期，在行业内的地位稳固，整合能力以及号召能力强；深耕海洋几十载，对资源波动的承受能力、对海上风险的应对能力、对市场行情的把控能力等跟其他小企业、新企业不可同日而语；我们的捕捞项目开发早，有坚实的历史基础和丰富的从业经验，与政府海关关系良好，在渔业和渔场资源、入渔许可、经营策略、船员招聘等方面都具有先发优势。"宣传部刘总声情并茂地介绍。

"公司发展稳定，年营收在 10 亿元左右，强大稳定的创收能力使得主业坚固；资产总额 20 多亿，体量大，资产负债率保持在 30% 的较低水平，债务压力小；国营背景带来良好资信条件，具备发行企业债券的资格；截至目前公司银行存款已达 2.68 亿元，财务投资能力强……"财务经理补充道。

"时间换空间！"投资管理部的瑞总听不得复杂的财务数字，不耐烦地打断了汇报，"要我说，我们的业务不仅依托于固定资产的硬实力，更重要的是，我们的船长、船员经过多年实践，有经过时间磨炼所积累的无法量化的经验和应变能力等软实力。先说固定资产，对其的巨额投资是准入门槛。其次，即使造好了船，何时抓鱼，去哪抓鱼，怎么抓鱼，都够他们学个三年五载。还有，海洋岛国的频繁政局变动带来的风险对于没有国营背景的企业来说，可能是致命的。总而言之，我们用三十多年的时间换来了广阔的发展空间，因此经验丰富，应变能力和抗风险的能力很强！"

随着讨论的深入，潜在业务及其依托的能力条件在赵总脑海里越发清晰。

2. 闲置运力 + 研判应变能力支撑海上冷藏运输业

A 公司在发展早期阶段，为了做好自身捕捞业务的配套服务工作，前后共购置了五艘冷藏运输船，但是一直面临运力过剩、资源闲置的问题。因此，A 公司可以利用已有运输设施，凭借资金实力对其进行必要的扩容、改造，以符合市场需要；同时，凭借多年的运营经验，A 公司人员对海洋捕捞的周期性规律、海域资源的分布、渔获品种数量研判等有丰富的经验，据此可以开展市场化的海上冷藏运输业务。

3. 企业信誉 + 渠道网络支撑海产贸易

A 公司目前在海外多个国家，如美国、摩洛哥、几内亚、阿根廷等，建立了多个代表处。凭借几十年的稳健经营，A 公司声誉佳，在上下游贸易伙伴及同行间树立了良好的口碑，国营背景又拉近了与当地海关的关系，不仅如此，位于斐济、莫桑比克等地的代表处已建立二三十年，渠道网络布局广泛且深入。A 公司的信誉基础和渠道网络建设能力可以支撑外购内销的贸易业务开展。

4. 捕捞能力 + 环境整合能力支撑渔获加工业

A 公司具有强大的捕捞能力，对于海域选择、时机把握、作业方式的选择等成竹在胸，强大的捕捞能力自然带来对产业链最前端的初级渔获把控能力，在进军加工业时，原料供应平稳、响应快、采购价格低，能够在市场价格波动时通过调整上游供货结构来应对。另外，A 公司主要业务区域之一的西非地区加工企业普遍规模小、实力弱，频繁违约，信誉差。下游的贸易商、深加工企业深受其害，迫切希望能够避免违约损失和适当转移成本。A 公司的背景、实力塑造了其对区域市场的环境整合能力，可以收购一批小散弱的工厂，同时迅速吸引一批忠实客户。

5. 地理优势＋财务投资能力支撑港口码头服务业

A 公司拥有荣成、舟山、烟台等城市的沿海海岸码头基地，拥有得天独厚的地理条件，目前的主要业务是为内部船舶提供配套服务，如渔获卸装、仓储冷运、自有船舶维修、岸边交易等，大部分的潜力均未释放，一半以上的土地闲置。在此背景下，A 公司可以凭借有利的地理位置，发挥资金余额充裕、信用好等优势，凭借强大的财务投资能力，扩大业务服务范围，进军市场化的港口码头服务业。

4.1.3　2016—2020 年："能去哪"的种种尝试

研讨会后，赵总思来想去，"能"的问题在经过对资源能力的分析后逐渐清晰，开展的四项业务基本确定。但是，具体怎么开展，关注哪些风险，执行需要注意哪些问题，业务间如何分配精力资源，如何统筹协调等，还有待解决。无论如何，迈出第一步总是必要的。经过近两个月的调研考察，赵总决定在原有捕捞业务基础上，在海上积极推进冷藏运输业务，在陆地推进贸易、加工、港口服务等业务。大家戏称："海上巨轮要上岸了。"

1. 海上冷藏运输业——飘忽不定的成本收益

我国很多地区的渔业回运能力与捕获规模极不匹配。以 2015 年为例，东部沿海某省的远洋渔业产量为 59 万吨，但各类渔业运输船仅有 27 艘[1]，年运输能力仅为产量的一半。由于缺乏专业的远洋渔业运输船，远洋渔业企业只能将渔获就地出售，或采取短途扒载转运、冷藏集装箱运输、租赁国外冷藏

---

[1]　数据来源：《我国亟须建造渔业运输船，补齐回运能力短板》（《中国船舶在线》，2017 年 11 月 2 日）。

运输船等方式将渔获运回。这些变通的运输办法由于船期不稳定、回运时间长、运输成本高等问题一直困扰着我国渔业企业。

打铁还需自身硬，要承接市场化的运输业务，装备总得说得过去。为此，公司匆忙投资了 800 万元，将自有的 5 艘运力不等的冷藏运输船进行翻新改造，准备等待时机开展业务。

业务调整后的运输船业务由各海域的代表处负责业务承接，出于成本控制和工资总额限制的考虑，新业务未能从市场补充相关人才，尤其是法律专业的必要人员，只是依靠原班人马，在同海域作业渔船中等候运输接单机会。有运输需求的非 A 公司捕捞船需提前与 A 公司沟通，约定好转移货物的时间地点后，在海上会合，转移渔获，然后由 A 公司运回，按重量和航程收取相应费用。

海上运输业务的不确定因素非常大，严重影响了预期收益。例如，客户虽然提前约定了转运的时间和地点，可 A 公司运输船按时到达后，客户却因追逐鱼群或航线变更等不能到达。随后，客户频繁要求更换汇合地点，以满足其自身作业需求，造成 A 公司运输船的航线极不确定。

即便是客户遵循约定按时到达转运地点，客户的渔获捕捞量常远低于预期，少量的运费根本不足以抵补航程成本。"干两个多月才抓这么点，我钓得都比他们多！"其他船长也抱怨道，"更可恶的是，抓着我们法律力量薄弱的空子，客户常常以渔获品质受损等原因要求降低运费，占我们便宜，一个月多跑几百海里，工资也没见多。"

为应对这些不定因素，2017 年起，A 公司调整了业务办法，采用收取运输保证金、固定运输路线、聘请三方机构对渔获进行检验并出具证明等方式，逐步精简客户数量，仅保留大客户。而这一措施却导致 A 公司海上运输业务量明显下滑，营业收入骤然降低，由 2017 年的近 1 500 万元猛然减少至 2018 年的 800 万元，随即在 2019 年进一步降至 630 万元，2020 年也没有太大起色。营业收入的下降自然也带来了利润额的下降（见图 4-3）。

2. 海产贸易——平静水面下暗流涌动

公司从上到下都对海产贸易业务寄予了厚望。据 A 公司掌握的数据，未来一段时间，中国居民饮食结构将进一步向水产偏移，水产消费量逐渐追上

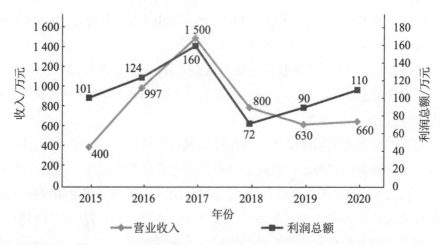

图 4-3　2015—2020 年 A 公司海上冷藏运输业务营业收入和利润额变化趋势

数据来源：A 公司提供。

禽类、羊肉、牛肉三类消费总和。因此，在国内水产养殖业暂不能满足日益增长的消费需求的情况下，中国水产品进口金额将持续上涨，居民人均消费量也将稳中有升，市场空间巨大（见图 4-4）。在如此广阔的发展机会下，A公司自然不甘落后，"局部试点，稳步推进"成为业务的主导思想。

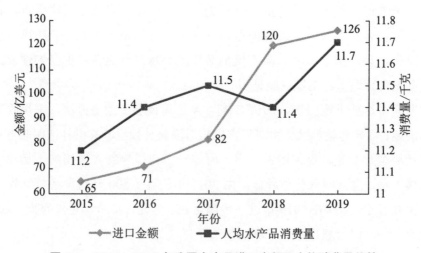

图 4-4　2015—2019 年我国水产品进口金额及人均消费量估算

数据来源：Wind 金融数据库。

据此，A 公司首先安排驻几内亚比绍的海外代表处全权负责海产贸易业务，在当地建立分公司，员工以代表处员工兼任和当地劳务派遣的方式组成。根据当地的捕捞资源，确定三种贸易品种，在接到国内客户订单后，视情况收取总销售额 20%~60% 的保证金，使用自有资金向渔民收购产品，资金短缺时申请向总公司借款。转运国内后，国内分公司协助办理通关手续，收齐客户货款后交由下游客户。A 公司从贸易差价中获取利润，商业模式相对简单。

凭借丰富的贸易资源、充裕的采购资金和良好的海关关系，A 公司业务初期较为顺利，2016 年就获得 2 300 万元的营业收入，扣减关税增值税后净利润约为 340 万元。初试成功后，A 公司凭借原有的全球驻地优势，将贸易区域逐步扩展到缅甸、也门、厄瓜多尔等地，贸易品种也扩充到十多种。2016 至 2020 年，A 公司海产贸易业务增速迅猛，在 2020 年营业收入达到 7 768 万元，净利润 720 万元。

赵总对于这种充当中间商赚差价还不需要重资产投入的业务模式非常满意，但是，随着业务量持续扩大，客户越来越多，A 公司合同问题凸显，非制式合同条款五花八门，其中风险四伏。在资源和价格波动导致买卖双方地位发生变化时，A 公司无法依据合同有效阻止客户毁约、要求降价等情况。海外法律团队长期缺失，使得 A 公司很难处理供应商坐地起价的情况，海外维权道路十分艰难。此外，专业翻译人员不足，员工和管理者的意思表达及理解常存在歧义，经常出现无意甚至有意违反指令，按己方利益最大的原则操作，追究时以"我以为你是这个意思"的借口推脱责任。在对新增国内客户授信时，除了人手不足外，经费、地理限制等因素也导致尽职调查环节形同虚设，仅仅根据客户近三年的资产总额、营业收入的平均数据进行授信。A公司员工管理、风险管理和信用管理能力问题逐渐显露。

这些问题从 2017 年开始变得愈发严峻，赵总带着大家"打地鼠"一样处理问题。反映到财务方面，A 公司 2016 年开展海产贸易业务以来，营业收入以高于 30% 的速度大幅增加，但应收账款的增幅更快，从 276 万元猛增到1 899 万元，拉低了本应不错的利润率。由于账款无法有效回收，海产贸易业务又处在高速发展期，各分公司不得不向 A 公司借款购货。2020 年底，公司累计垫付收购资金近 2 000 万元。

各种问题的暴露造成海上贸易的运营成本越来越高，利润总额增长速度远低于营业收入的增长速度。2016 年至 2020 年，A 公司海上贸易业务营业收入增加了 3.38 倍，而利润增额仅增加了 2.12 倍（见图 4-5）。

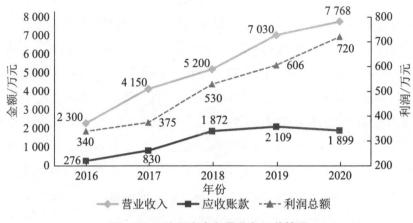

图 4-5　A 公司海产贸易业务经营情况

数据来源：A 公司财务部提供。

3. 渔获物加工——品牌缺失的窘境

2016 年底，赵总和高管团队开始推进渔获物加工增值业务，正式向价值链高端延展。

2017 年 2 月，中国—阿曼渔业公司成立，按政府政策要求，合资公司管理人员必须有阿方人员，故该公司的董事长、总经理以及分管销售的副总为中方人员，分管加工、法务、财务、运营等其他职能的副总为当地政府委派的政府官员。阿方政府官员不是企业管理出身，并不懂经营，只能凭借政府资源和关系办事。普通员工几乎均为当地招聘的低技能员工。经过两个多月的改造，公司在阿曼合资的海产加工厂投入了运营，原材料被送上流水线，经过清洗、切片、调味、包装等工艺流程，一袋袋标准规格的产品如黑虎虾、带鱼段、调味鱿鱼等被生产出来，随着业务发展，产品销量迅速增加，销售收入稳步提高，利润率也由 3%～5% 增长至 7%～12%（见图 4-6）。但是，由于缺乏专业的企业运营，产品的品牌效应发挥不出来，产品售价远低于大洋世家、正大海产、好当家等知名品牌产品，同样的产品售价仅为竞争对手的 60%～70%，A 公司产业链最前端的掌控优势发挥不出来。除此之外，公司治理危机日益严重，高层管理者间经常由于意见不合影响决策执行，当地高管自成一派，自有想法，对中方要求不管不顾，仗着员工均为本地人员的优势，架空中方人员，直接下达不科学的指令，董事长变为"懂事"长，导致营业收入和利润总额的增幅均开始减缓。

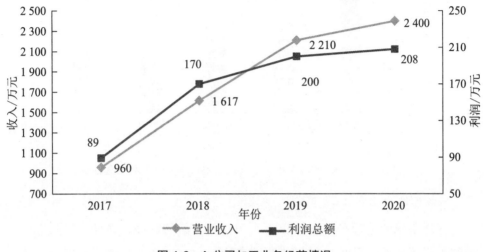

图 4-6 A 公司加工业务经营情况

数据来源：A 公司财务部提供。

4. 码头港口服务业——用金钱唤醒沉睡的巨人

2016 年 2 月的一天，山东荣成市区政府领导登门拜访，希望 A 公司充分发挥在荣成渔业基地的作用，提高服务能力，让更多的渔船愿意停靠荣成港口。他介绍说："渔港码头服务业的发展，会将远洋渔业产业链的部分或全部经济功能有机衔接，打通产业链条，有助于实现渔业由资源依附型向资源驱动型转变。《'十三五'全国远洋渔业发展规划》中，推进远洋渔业综合基地建设是国家远洋渔业发展的重点任务之一。"

新业务采用事业部制，由公司资产管理部主任调任事业部经理，全权负责，转岗、返聘 28 人，招聘和劳务派遣 21 人。在扩充队伍的同时，为全面提升对外承接业务的基础条件，A 公司大手笔地对基地进行投资，第一年便投入 7 000 万元，其中，新建标准冷库耗资 4 700 万元，其他投资诸如购置冷藏运输车辆、购置或更新修理设备、厂区道路修建等投入 2 000 多万元（见图 4-7）。此项业务重点将围绕陆地冷藏运输、物资补给、船舶维修三项服务展开。

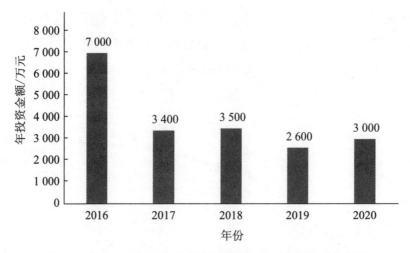

图 4-7　2016—2020 年 A 公司码头港口服务业年度投资金额

数据来源：A 公司财务部提供。

依托荣成的地理条件优势和 A 公司迭代升级的软硬件条件，码头港口服务初期进展顺利，陆地冷链运输利润率达到 25%，物资补给诸如船用柴油、渔网工具、机舱部件、生活物资等综合利润率在 14%～18% 之间，船舶维修综合利润率达 17%，均远超传统捕捞业。

随着业务逐步推进，问题再一次暴露出来。一是公司陆上冷藏运输业务的效率、价格等竞争力远低于专业仓储物流公司，需凭借自有码头的准入门槛才能得以生存，客户对冷藏运输服务不够满意；二是渔船修理原班人马受团队规模和技术水平制约，仅能承接技术要求较低的常规业务，无法抓住技术复杂、难度高，但同时收费高、利润空间大的高水平修理业务。三是由于对港口码头的更新改造投入巨大，公司资金压力骤升，不得不依靠银行借款，而利息支出又蚕食了利润，资金投入快、金额大，但见效慢，盈利少。

总之，A 公司的港口码头服务业仅仅在量上持续增长，但未能完成质上的提升。2016 年至 2020 年，港口码头服务业营业收入从 2 600 万元增长到 5 500 万元，增幅翻倍，而总利润在前三年为负，2019 年才实现略有盈余的 20 万元，2020 年利润额为 130 万元，利润率仅为 2.4%（见图 4-8）。

图 4-8　2016—2020 年 A 公司码头港口服务营业收入及利润总额

数据来源：A 公司财务部提供。

4.1.4　2020 年：登岸失败

1. 新业不顺

"动作不小，到头来干了个寂寞。" 2020 年 2 月，赵总看着财务核算结果，用流行的网络用语苦笑着对财务经理说。确实，赵总主导的巨轮上岸、多业并举的宏伟战略已经实施了五年。五年间，A 公司虽主动探索，积极尝试，人、财、物全面支持，但从财务数据看，效果平平。四项新业务总计投入 2.2 亿元，总业务收入 5.8 亿元，利润总额 4 045 万元，利润率 6.8%，仅比捕捞主业高出 1% 左右。

看着赵总难掩失望和无奈，财务经理分析道："现阶段各业务板块出现的其实都是扶持阶段的战略性亏损，潜在原因也都很清晰。"

"海上冷藏运输业共计投入 860 万元，总计营业收入 4 987 万元，利润总额 657 万元，利润率 13.2%，相比 Lavinia 等成熟公司 30% 的利润率来说，客户密度、客户开发成本、燃油成本和运量等都限制了利润水平。

"海产贸易共计投入 130 万元，总计营业收入 2.65 亿元，利润总额 2 571 万元，利润率 9%，利润水平达行业较高水平，但是受应收账款大幅增加和贸易纠纷潜在损失的影响，纸面上的收入不能转化为实在的利润，利润增长速度无法匹配营业收入增长速度。

"渔获物初加工共计投入260万元，总计营业收入7 187万元，利润总额667万元，利润率近10%。作为后起之秀的海产加工业的利润水平跟售卖初级原材料不可同日而语，但是，缺乏品牌加持的产品利润空间仍显不足，还是没能达到预期目标。

"码头港口服务业共计投入1.95亿元，总计营业收入1.86亿，受投资成本、资产折旧、在建产能暂未完全投入使用等影响，服务业的高利润无从体现，在连续亏损三年后，至今盈利水平仍令人担忧。

"总之，现在的几项新业务整体看来投入多，收入高，但就是挣不着钱。"

2. 旧业受损

说完这些，财务经理暗中观察了一下赵总的反应，阴沉的脸并无悦色。自然，后面的"另外"也就不再汇报了。其实，财务经理本想接着说，由于公司为了向多个领域拓展，投入了大量资金，目前现金流趋紧。为应对现金流问题，A公司一直在努力获取银行贷款，承担着高昂的财务成本。同时，公司不断地从捕捞主业要人才和资金，远洋捕捞所赚取的收益全部投入到了新的业务板块中。从这五年大大小小的决策上看，甚至存在有意减慢主业的发展速度以换取支持其他产业发展的倾向。

2017年至2020年A公司渔获捕捞量持续上涨，但在被迫需要增加现金流的情况下，公司不得不强行加大存货周转率，以较低的市场价格快速卖出渔获进行回款，无法视价格行情采取常规的适度压货措施以赚取更高利润，主业的利润水平被削弱，综合利润率由5.5%下降至5%左右，降幅近10%。财务经理坚信，如果坚守远洋捕捞主业，老老实实地把资金用在渔船更新改造、提升单船捕捞效率，如今A公司的发展只好不差，也不会遇到这么多问题。

4.1.5 继续坚持还是回到过去？

回顾过去的五年，海洋生产总值由2016年的69 694亿元增至2019年的89 415亿元，海洋生产总值年均增长近7%，即便是在2020年新型冠状病毒感染疫情冲击和复杂国际环境的影响下，2020 年的全国海洋生产总值初步核算也高达 80 010 亿元，海洋生产总值占 GDP 比重由 2016 年的 9.4% 增加到 2020 年的 9.5%，海洋产业出现了前所未有的繁荣景象。

A 公司主要对标企业开创国际、国联水产近些年也开展了不同程度的多元化经营，业务领域涉及养殖、加工、电商零售等，营业收入和利润水平均稳步提高，利润率已超过 10%。

在市场大环境和竞争对手发展均向好的情况下，A 公司不仅没有抓住发展机遇，反而因涉足多个领域而疲惫不堪，原本占据战略优势的主营业务也受到拖累。目前，A 公司除渔获加工业务相对较好，能够勉强良性运营外，其他的拓展业务均面临资金、人才、质量、运营管理等各方面的问题，前景未知。

2021 年初，一年一度的公司高管会又如期举行，这次的议题已不像五年前那样富有哲理，会议的氛围也有些沉闷。新拓展的道路看似都很好，实际为什么如此曲折？五年来新拓展的业务，应该继续坚持，还是应该果断舍弃？要不要走回头路呢？

4.2　思考题

1. A 公司为什么要开展多元化经营？

2. A 公司有何竞争优势？是否具备多元化的条件？

3. 五年过去了，A 公司的多元化战略为什么没有达到预期效果？

4. 2021 年，A 公司是否应该放弃新拓展的业务？该怎么做？

4.3　分析思路

本案例以 A 公司多元化进程为主线，基于多元化战略理论分析 A 公司战略的动机、条件、能力、措施、效果等，结合 A 公司的核心竞争力判别分析，得出战略与核心竞争力无法匹配是战略失败的原因，并就 A 公司如何进行战略匹配提出建议。具体如下：

首先，对 A 公司内外部环境及发展情况进行介绍，启发学习者对多元化战略的动机和适用条件进行思考。

其次，对 A 公司的能力、资源进行介绍，论述不同业务所依托的能力资源条件，深化学习者对核心竞争力来源的认识，同时对企业的核心竞争力进行初步挖掘。

再次，对 A 公司多元化战略的具体业务及执行情况进行回顾，对其措施、效果等做出分析评价，引导学习者对多元化战略的风险和战略执行进行思考。

随后，在上述分析基础上结合相关数据，按照评判标准对上述可能的核心竞争力进行进一步判断，确定其核心竞争力。

最后，基于核心竞争力与战略的匹配理论，提出 A 公司下一步的发展建议，启发学习者对核心竞争力支撑战略进行思考。

案例详细分析思路与步骤如图 4-9 所示。

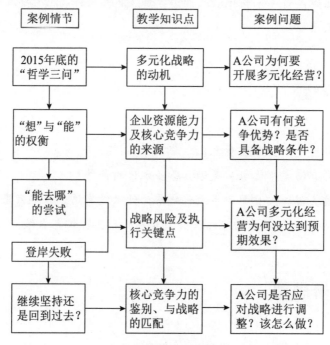

图 4-9　案例分析思路图

4.4　理论依据及分析

4.4.1　A 公司为什么要开展多元化经营？

理论依据

多元化的动机

（1）分散风险。当一种产业成为夕阳产业或单一产业经营面临巨大风险时，企业从事多元化经营能够很快地将资源转移到其他的经营产业，不至于使企业面临倒闭的危险，因此多元化经营可以分散并降低风险。

（2）扩张需要。企业主营产业进入成长后期或是成熟期以后，顾及继续投资本产业可能回收期较长，投资的边际收益逐渐降低，此时为了实现继续扩张的目的，可以凭借已有资源积累进入其他产业，提高投资效率和扩张速度。

（3）范围经济效益。范围经济理论主要认为企业经营到一定的规模后，企业内部会形成诸多的闲置资源，如人力、资金、设备、技术等。多元化经营能够充分利用这些剩余的资源，弥补专业化经营造成的资源闲置损失。

（4）提高市场势力。市场势力理论认为多元化经营的企业将比单一经营企业更为兴旺发达，企业规模的扩大将提高企业的市场势力，因为多元化经营企业更容易进入集聚状态。

案例分析

A 公司需要通过实施多元化战略以达到分散风险、提高扩张速度、增大范围经济效益、加强市场势力的目的。

（1）分散风险。在 2015 年之前，A 公司由于业务过于集中导致利润波动起伏过于剧烈，需要通过实施多元化战略来分散风险。如图 4-1 所示，2012—2015 年 A 公司捕捞主业收入占营业收入比重 92%，收入结构单一，业务高度集中在远洋捕捞方面。而远洋捕捞业务过于依赖自然资源，导致经常遇到"老天爷不赏饭吃就得饿着"的情况，加之燃油成本和补贴政策变动的影响，就很容易导致利润大幅度剧烈波动（如图 4-1）。因此，A 公司需要通过多元化战略来分散主业过度集中所带来的风险。

（2）提高扩张速度。A 公司远洋捕捞主营业务已经进入成熟期且面临扩张障碍，需要实施多元化战略实现企业进一步快速增长。与刚入行或建立不久的企业相比，A 公司远洋捕捞项目开发早，经过几十年的发展，在行业内地位基本稳固，且已经面临进一步扩张的瓶颈，主要体现在两方面：一是捕捞业务的扩张以提高产能为基础，产能提高又依靠船舶等固定资产投入，因此面临固定折旧进一步加大的问题；二是造船业务周期长，投资创效慢，投入后是否达到投资预期收益面临极大不确定性。因此，A 公司需要凭借已有资源积累进入其他产业，探索其他扩张路径，以提高扩张速度。

（3）增大范围经济效益。A 公司固定资产规模较高但是利用率不足，需要充分利用剩余资源，减少损失，提高经济效益。如图 4-1 所示，2012—2015 年 A 公司固定资产规模稳定在 20 亿元左右，相比同行业来说规模较大，但折旧金额较高，如表 4-1 所示，2012—2015 年折旧总额在 1 000 万元以上，折旧占比超过 25%，存在尾大不掉的问题。基于此，A 公司可以通过资产盘活的方式，投入一定启动资金对相关产品加工流水线、船舶、港口等进行更新改造，完善或改变其用途，实现资源盘活利用和资源共享，从而降低进入新行业的成本。

（4）提高市场势力。目前 A 公司由于产业单一，未能在行业中形成较强的势力，若能通过多元化战略在其他领域有所建树，依托自身在产业链前端的优势，开辟新的发展路径，健全自身在产业链各环节的布局，实现业务间协调互补，则产业的集聚效应相比单一业务将显著加强 A 公司实力，行业位势将显著提高。

综上，A 公司开展多元化经营的动机充分且合理。

4.4.2　A 公司有何竞争优势？是否具备多元化的条件？

理论依据

1）核心竞争力的来源

核心竞争力来源于企业**资源和能力**。**资源是基础**。资源是企业在长期的发展过程中不断创造和积累起来的资产、技能和能力的总称，企业资源是企业确立竞争优势的基础，企业资源分为有形资源和无形资源。有形资源指看得见摸得着，可以量化的资源，比如土地、写字楼、工厂、机器设备等；无形资源主要包括专利、技巧、知识、文化、声誉等。核心竞争力的基础是企业拥有的资源，但是单个资源通常并不能形成核心竞争力。**能力是催化剂、黏合剂**。就像一个拥有众多球星的球队，球星是资源，如果没有对这些球星的有效组织管理，球队仍是一盘散沙，需要管理能力将球星的力量聚合发挥出来，形成整体的竞争力。核心竞争力的形成需要企业能力的支持帮助，企业能力发挥着催化剂、黏合剂的作用，能够将企业拥有的资源加以整合从而完成预期的任务和目标，没有能力，资源就很难发挥作用，也很难增值。

2）多元化经营的适用条件

拥有坚固的主导产业。主营业务的坚固是企业利润的主要源泉和生存基础，企业应该在做大做强主营业务的基础之上逐步实施多元化，一方面主营业务的利润收入可以为新的业务进行输血，为新业务提供必要的资源支持，同时为多元化提供风险缓冲，另一方面，主营业务的成功会助推多元化在市场上的认可度，使得多元化更容易成功。

企业的财务结构稳健，财务状况较好。财力支持是企业实施多元化战略的基础，一个处于财务危机状态的企业不可能实施多元化，而正在实施的多元化也可能由于资金链断裂招致失败，所以企业只有在较好的财力保障下才可以实施多元化。

主业所处生命周期。企业实施多元化需要结合原主业所处的生命周期位置进行考虑，若原主业还未到达成熟期，仍有较大的上升空间，则没有必要急于实施多元化。若原主业进入了成熟期或衰退期，已取得了较大的优势和市场占有率，或已进入规模不经济状态，则可以考虑实施多元化战略。

具备外部条件。多元化战略需要仔细考察宏观经济环境、文化环境、资源环境，以及经济和产业政策、市场情况，如果准备进入的行业和产品供不应求，行业内竞争不太激烈，就应该及时进入，以抢占市场先机。

新业务可借助公司已有优势。即公司已有的相关优势如闲置资金、设备、技术、渠道、品牌、客户、声誉、政府和市场关系等能够向外延伸，新业务能够充分利用已有的优势，提高业务起点，避免从零开始，节省时间和成本。

案例分析

1）A公司核心竞争力来源

资源方面，分为有形资源和无形资源两个层面。**有形资源层面，**A公司资产总额20多亿，资产负债率仅33.1%，存款余额2.68亿元，银行信用等级高，借款利息低，有资格发行企业债券，有稳定的资金筹措来源，财务资源条件好；拥有各式捕捞渔船120多艘，拥有配套的渔获加工厂13座，服务远洋渔业的运输船、加油船5艘，渔港码头基地2个，捕捞设备齐全，资产条件好；全年休渔期、船舶返港维修期使得人力资源存在富余。**无形资源层面，**主要有入渔资格、捕捞配额、行业开拓者和国企背景的企业声誉、良好的银行授信、政府资源、健全的渠道网络、市场关系、市场地位等。

能力方面：A公司深耕海洋牧场三十余年，积累了大量的技术和经验，捕捞和加工能力强；很多新兴产业由传统海洋捕捞业发展延伸而来，作为根基的捕捞业是海洋产业繁荣昌盛的基础，因此A公司对行业发展规律、潜在机会及业务本质有较强的洞察力；A公司自负盈亏的企业性质不受投资方向限制和领域限制，并且使用的多为自有资金，故具备自由支配资金的能力；A公司在行业内影响力强，具有一定的号召能力。

综上，A公司资源、能力及可能构成的核心竞争力匹配如表4-2所示。

表4-2 A公司资源、能力及可能构成的核心竞争力

资　　源	能　　力	可能构成的核心竞争力
捕捞设备、捕捞配额	捕捞能力	资源把控
厂房、流水线、人员	加工能力	生产制造
闲置资金、银行授信	资金支配能力	财务投资
市场地位、政府关系	号召影响能力	环境整合
渠道网络、企业声誉	宣传推广能力	市场营销
设备、人力资源	加工使用能力	技术研发
闲置资金、行业洞察力	行业分析能力	应变

2）多元化经营的适用条件

拥有坚固的主导产业。A公司经过三十多年的发展，已成为国内远洋捕捞行业综合排名前列的龙头企业，年营业利润90%以上来自捕捞主业，渔船及配套设施、港口码头资产等有形资产齐全，同时有一大批从业多年的富有

经验的船员和管理者，主业发展基础稳固。同时，由于捕捞业为资源获取的基础产业，随着人们对绿色健康生活方式的向往，国际国内对深海产品的需求只增不减，行业发展空间较大，发展势头强劲。

企业的财务结构稳健，财务状况较好。 A 公司具备发行企业债的资格，国资背景使得银行借款利息低；A 公司现金余额高达 2.68 亿元，资金充裕，偿债能力强；A 公司主业发展多年，基础坚固，盈利能力有保障。

主业所处生命周期。 A 公司经过三十多年的发展，业务模式已经固定，市场和上下游客户均较为稳定，捕捞业务已进入成熟期，已取得了较大的优势和市场占有率，同时由于资源和市场的限制，很难再有大幅度提升空间。

具备外部条件。 如前文所述，目前正是渔业产业转型升级的关键时期，国家支持拓展产业链，增强抗风险能力，因此海洋产业大有可为，多业态被开拓，发展势头良好，外部环境提供了更多的发展环境和更宽阔的发展平台。

新业务可借助公司已有优势。 A 公司可向外延伸和帮助新业务发展的有形优势主要是拥有沉淀的资金、设备、土地、人力等，资金的通用性可以为新业务提供各项支持，厂房、土地等可以节约新业务的固定资产投资成本，由于休渔期的人力资源闲置，新业务的人力成本可以得到有效控制；无形优势包括国企背景和行业地位带来的良好声誉和市场、政府关系，以及搭建得较为完善的业务网络。但是，对于更为重要的品牌、研发能力、专利、人才等，A 公司本身较为薄弱，新业务难以借力，需自行发展。

综上，A 公司在上述前四项上具备开展多元化经营的条件，在最后一项上并不具备充分的条件。

4.4.3　五年过去了，A 公司的多元化经营为什么没有达到预期效果？

理论依据

多元化战略的风险和类型、战略执行的关键点

1）多元化战略的风险

① 削弱原有产业。企业资源总是有限的，多元化经营的投入往往意味着

原有产业要受到削弱，比如主业发展的资金不足、设备被占用、管理能力被分割、存货周转强行加快等。若原产业受到较为严重的削弱，公司的多元化经营就会面临危机。

② 资源配置失衡。多元化经营需要在各新进领域或产品上投入大量人力、财力、物力，进行人才培养、技术研发、市场研究及推广、渠道建设以及品牌宣传，各方面都需要大量资源的支持。多元化经营容易造成投资过度和投资分散，以致后期无力再进行资源优化配置与周转，使得每一个意欲发展的领域都难以得到充足的资源支持。

③ 人才支撑风险。企业在进行多元化发展时，必须有多元化领域内相应经营管理和技术人才的支撑，多元化发展才能成功。但引进人才一方面会加大成本，另一方面，人才的供求不定，可能会引起企业发展由于人力资源的原因而受阻。

④ 内部经营管理整合风险。新投资的产业会通过财务流、物流、决策流、人事流给企业以及企业的既有产业经营带来全面的影响。多元化经营多重目标和企业有限资源之间的冲突，使这种管理机制上的融合更为困难。

2）多元化战略的类型

多元化战略又称多角化战略，是指一个企业同时在两个或两个以上的行业中进行经营，向不同的行业市场提供产品和服务的战略。国内目前比较流行的多元化战略分为三大类型：垂直链型、相关型和无关型。

① 垂直链型战略。属于低程度的多元化，以渔业企业为例，围绕产业上下游进行业务布局的战略均属于垂直多元化战略，如捕捞企业向下游延伸，开展加工、销售，或是终端销售企业向上游布局，涉足生产、捕捞等。

② 相关型战略。属于中等程度的多元化战略，如原料加工企业依托加工技术和设施设备承接非海产品的加工业务，或是渔获销售企业基于团队和市场渠道销售他类产品。

③ 无关型战略。属于最高程度的多元化，如渔业企业投资教育、地产等。

3）战略执行的关键点

① 具备有效的资源配置能力。非相关多元化战略是多元化战略中不相关程度最高、难度最大的战略，意指企业在原经营领域之外，继续拓展与原业务不相关或关联度很小的新的业务。非相关多元化战略与相关型、垂直链型

战略构成多元化战略的分类基础。非相关多元化战略由于涉及众多业务单元，每个业务单元在起步阶段均需要公司必要的资源支持，以便在新产业尚未稳定的时候提供必要的人、财、物方面的帮助。但是资源的有限无法满足所有产业的需求，故需合理安排资源的分配方法，注意资源的统筹性、重点性、针对性分配，在必要的时候集中优势资源重点扶持特定产业，充分满足特殊时期的需要，尽快培养出有自我造血甚至向外输血功能的业务单元，避免雨露均沾但普遍支撑力不足的配置方式。

②选择具有协同效益的产业。产业间要有适当相关度。主导产业要与新产业群保持适当的相关度，过高和过低的相关度都不利于降低企业经营风险。经营水平较低的企业，就算已具备了资源富余能力，也不要轻易涉足非相关行业，否则会因经营水平低下而导致管理一片混乱，最终使企业走向衰退。

③建立专业的经营团队。对于多元化战略尤其是非相关多元化战略而言，由于原有行业和新进入行业的经营模式、市场、管理方式、资源配置等不同，应建立专业的经营团队，根据业务的特点按产品、服务、客户、地区等设立独立的经营事业部，招聘专业的业务负责人，甚至可以引进完整团队，赋予其经营决策自主权，借助专业力量迅速开展业务，抢占市场，节省学习时间，降低试错成本。

案例分析

1）A 公司多元化战略的风险

①削弱原有产业。新进入的领域若一直未给公司带来新的利润增长点，就需要继续进行资源支持，A 公司为避免前功尽弃，只得强行加速渔获周转率，换取现金，从主业中抽血以补偿新产业，导致主业缺乏资金、精力开展探捕等高投入、高收益的项目，使主业经营受到一定影响。

②资源配置失衡。如前文所示，A 公司在五年之内涉足了海上冷藏运输业、海产贸易、渔获物加工和码头港口服务业四类新产业，并意图在短期内将每个产业都扶持壮大，故投入大笔资金建设码头、改造船舶，同时，贸易业务的扶持、运输船的更新改造、加工流水线的扩建、捕捞主业常规运营需求等使得资金更加紧张，配置失衡风险日渐显现。

③人才风险。A 公司的国资背景使得工资总额受到上级限制，工资增量

获取困难，故无法通过高待遇来吸引或扩充行业优秀人才。如在海洋运输业、海产贸易业务中，法律团队的缺乏使得我方风险和收益失衡；在海产贸易中，翻译人员的缺乏使得内部沟通交流存在问题，员工管理不善；加工业务中当地委派的官员不懂经营，不仅发挥不了人才专业优势，还经常阻碍正常经营，新招聘的低技能员工也得经过一定时间的熟悉和试错之后，才能稳定工作；港口码头服务业的人员来源渠道分散，未整体引进专业团队。总体来说，A公司人才支撑不足。

④ 管理风险。A公司涉足的领域分属运输、加工、服务、贸易四个不同行业，错误地选择了多元化战略中最高级的和难度最大的非相关多元化战略。因为行业跨度大，不同行业在客户管理和订单管理、产品质量和创新、快速响应和满足多样化需求、两金压控等方面的管理重点各不相同，管理模式各异，没有管理的共同效应，加大了企业管理难度。并且在扩张过程中，业务人员的增加导致企业在管理"人"的问题上存在欠缺，原本管理的内涵、风格、标准、方法等无法适用于新的业务。

综上分析，A公司由于选择了最高级别的非相关多元化战略，涉足的新业务在原产业支撑、资源配置、人才、内部整合经营管理等方面面临较大风险，后续发展受到较大挑战。

2）战略实施的关键点

① A公司资源配置存在问题。第一，A公司未能按资源配置优先权对业务单元进行排名，而是采取雨露均沾的办法，企图扶持壮大每一个涉及的领域，这样就不能在特定时期为特定业务提供充分支持，不能使各业务有充足的资源以培养核心竞争力；第二，调整不够迅速坚决，在几乎每项新业务都有明显问题暴露出来的情况下，未能及时分析问题的影响程度，未能及时采取如扩张、设防和保卫、彻底修整、重新定位或剥离等对应措施，业务执行略显僵化，拖累公司进一步发展；第三，A公司未能合理安排好财务资源的投入比率，在海上运输和港口码头服务业开展初期分别投入800万元、7 000万元（见图4-8），贸易垫付资金逐年增加，资金压力较大，不得不从存量"吸血"，有限资源分配失衡，效果打折，同时还影响了主业的发展。

② 非相关多元化战略导致产业协同度不够。A公司选择的加工、服务、海上运输、贸易等领域，虽然同属海洋经济的范畴，均围绕捕捞渔获和捕捞

设施开展业务，但是其与捕捞业有很大区别，其实是选择了非相关多元化战略。新进领域多以消费市场开拓、产品创新、市场营销、客户服务等为切入点，所要求的管理模式、经营方式、目标群体与资源获取端的捕捞业均不相同，除在加工业方面因可以共享原料资源，有一定协同效应外，其他领域关联度较小，主业的辐射带动面窄，新产业群和已有业务以及新产业各自之间不能有效相互关联。

③ 经营团队力量薄弱。一是员工积极性低。如海洋运输业在业务量扩充、业务人员工作量增大的情况下，受工资总额限制，员工付出与回报不成正比，活多钱少导致员工积极性不高；二是团队人员间存在摩擦。如加工业采取中外合资公司形式，管理人员为双方分别选派，高层管理者分属不同单位，潜意识以本方价值最大化为原则，不懂经营，只懂单方利益最大化，导致经营中出现摩擦；三是缺乏外聘专业人才。如港口码头服务业的负责人为调任过去的总公司资产管理部人员，专业能力和市场经验相对专业人士不足，员工中转岗返聘人数超过市场化招聘人数，可能面临外行多、内行少的局面。

综上，A 公司的战略执行不符合科学的要求，非相关多元化战略的选择失误使风险叠加，导致 A 公司多元化经营未能成功。

4.4.4　A 公司是否应该对业务进行调整，该怎么做？

理论依据

1）核心竞争力的鉴别及其与战略的匹配

资源和能力是核心竞争力的来源，只有一部分的资源和能力能够形成核心竞争力，从资源和能力中鉴别核心竞争力有四项标准，即价值性、稀缺性、难以模仿性、不可替代性。

2）不同类型多元化战略与企业核心竞争力的匹配关系

如表 4-3 所示，根据多元化经营战略的分类，多元化战略可以分为垂直链型、相关型和非相关型。多元化战略类型不同，对企业的核心竞争力要求也不同。

表 4-3　不同类型多元化战略与企业核心竞争力匹配

核心竞争力类型	内　　容	不同类型多元化战略对核心竞争力的要求		
		垂直链型	相关型	非相关型
资源把控	资源的来源、获取稳定性、获取成本、持续性	强	较强	弱
生产制造	生产资质、设备设施、生产工艺、内部后勤系统、检验与质量控制、生产模式的协调与优化	强	适中	弱
财务投资	财务状况、财务结构、融资能力	适中	较强	强
环境整合	产业政策、产业环境合适、合作共赢	强	较强	弱
应变	对市场变化的反应能力，对机会的把握、对风险的控制	强	强	强
技术研发	产品设计、研究开发、研发设备、技术人才规模、研发管理、创新能力	较强	较强	较强
市场营销	销售渠道、促销活动、商标与广告、销售机构与力量、售后服务	适中	强	强

案例分析

1）核心竞争力的鉴别

对于 A 公司凭借其资源能力可能构成的核心竞争力，进一步鉴别如下：

（1）资源把控

① 价值性。渔业资源是 A 公司主业经营以及加工、贸易业务开展的基础，多项业务都需要捕捞产品的支持，具备价值性。

② 稀缺性。海洋资源的保护和可持续发展要求导致行业具有准入门槛，加之 A 公司金枪鱼、磷虾等捕捞配额的稀缺性，带来 A 公司资源把控能力的稀缺性。

③ 难以模仿性。行业准入门槛和船舶设备的重资产要求导致其他企业难以模仿。

④ 不可替代性。作为产业链正常运转的核心要求，资源把控能力是 A 公司其他能力的存在基础，因此资源把控能力具有不可替代性。

（2）生产制造

① 价值性。生产制造能力是 A 公司提高产品附加值的重要途径，是让业

务取得突破，走出低利润困境的必要能力，具备价值性。

② 稀缺性。生产制造能力依然建立在码头、基地、厂房、设备等重资产基础上，需通过较大规模投资并经过一定建设周期后才能投产，因此，此种能力对资金和时间的高要求使得本就具有一定闲置固定资产的 A 公司相比其他公司在能力稀缺性方面更有优势。

③ 难以模仿性。生产制造首先依靠上游的材料供应，其次很大程度依靠技术工艺和定制设备。A 公司对上游资源掌握牢靠，技术工艺受专利和商业秘密保护，定制设备要求功能独特，这些都导致其他企业难以模仿。

④ 不可替代性。生产制造能力是企业必要的能力，同时也是业务链条中的关键环节，不可替代性强。

（3）财务投资

① 价值性。通过财务投资可以直接购得其他能力，还能够避免因资金问题导致新业务半路夭折，从而在与同行的竞争中有更多业务选择机会和试错机会。具备价值性。

② 稀缺性。捕捞行业为重资产运营行业，折旧高，风险大，利润薄，利润积累耗时长，其他企业难以短期提升财务能力。因此具有稀缺性。

③ 难以模仿性。A 公司支持财务投资能力的资金存量是多年发展的结果，能力的获得需要用经营时间来换取，故难以被模仿。

④ 不可替代性。财务投资能力是稳健经营取得的结果，财务投资能力用途广，效果显著，其他能力难以发挥财务投资的立竿见影的效果，因此不可替代。

（4）环境整合

① 价值性。环境整合能力为 A 公司的经营提供良好的外部经营环境，同时，A 公司可以第一时间享受针对渔业的扶持政策，创造发展条件，因此具有价值性。

② 稀缺性。环境整合要求企业在行业中有较大的话语权，由于渔业行业企业存在小、散、杂的特点，往往只有头部个别规模较大的企业有能力影响行业，因此环境整合能力是包括 A 公司在内个别领先企业的特权，具备稀缺性。

③ 难以模仿性。行业地位和影响力的提高在短期内难以实现，也就难以在短期内拥有整合外部环境或主导行业发展的能力，因此环境整合能力难以

被其他的一般公司所模仿。

④ 不可替代性。环境整合是从外部环境的层面出发去改善条件，能力的发挥依靠行业影响力、号召力，以及政府关系，通过其他途径难以实现，因此具有不可替代性。

（5）应变

① 价值性。有了应变能力，就可以根据市场情况对业务进行调整，抓住机会，减少风险，因此具有价值性。

② 稀缺性。A公司的应变能力建立在富余的资金基础和对行业发展的分析洞察能力上，上述条件均需要在长期的经营中获取，因此应变能力具有稀缺性。

③ 难以模仿性。应变能力的培育需要时间，因此短期内难以被模仿。

④ 不可替代性。应变能力集中体现在抵抗风险和抓住机遇两个方面，承担吹哨人和引路人角色，对避免风险扩大、最大程度把握机遇有重要作用，企业的其他能力难以发挥上述作用，因此具有不可替代性。

（6）技术

① 价值性。技术研发是产品增值的有效途径，对提高企业利润水平贡献巨大，具有价值性。

② 稀缺性。A公司技术水平较低，年度科研投入1 000万元，科技投入强度不足1%，低于行业平均水平，同时研发队伍力量不强，自主创新能力弱，技术排外性弱，不具备技术上的稀缺性。

③ 难以模仿性。A公司技术创新多集中在捕捞端，技术创新的领域较窄，方向单一，很多企业挤在较窄的赛道内，难以拉开差距，故A公司技术研发可被模仿甚至赶超。

④ 不可替代性。渔业行业的技术创新多以提高产量和提高附加值为目标，而产量和附加值的提高可能会受人力设备的额外投入、海洋资源条件的恢复、品牌影响力提高和渠道拓展的影响，因此在缺乏颠覆性创新的情况下，技术研发能力可以在一定程度上被替代。

（7）市场营销

① 价值性。营销是扩大产品知名度的重要手段，是打通最后一公里的重要措施，对提高销量、提升知名度、提高用户黏性有重要作用，因此具备价值性。

② 稀缺性。A 公司业务主要针对下游贸易商和加工厂，对终端消费市场的布局有限，营销队伍还不够健全，与先行的同行业企业相比，品牌、客户等均有落后，还不能把握住最关键的增值环节，不具备稀缺性。

③ 难以模仿性。渔业行业的市场营销手段和措施经过多年的发展已经比较完善，很多企业在深入研究后也形成了一系列可宣传、可推广的做法。因此不具难以模仿性。

④ 不可替代性。除了通过市场营销推广产品外，过硬的产品品质会让产品在消费者中口口相传；高价值海产品的稀缺性自带被大众追捧的属性；消费升级自然也会带来对健康绿色海产品的需求。因此对 A 公司来说，市场营销不是产品推广的唯一途径，可以被替代。

A 公司核心竞争力识别情况如表 4-4 所示。

表 4-4　A 公司核心竞争力识别

核心竞争力	价 值 性	稀 缺 性	难以模仿性	不可替代性	核心竞争力识别
资源把控	强	强	强	强	√
生产制造	强	强	强	强	√
财务投资	强	强	强	强	√
环境整合	强	强	强	强	√
应变	强	强	强	强	√
技术	强	弱	弱	弱	×
市场营销	强	弱	弱	弱	×

综上分析，资源把控、财务投资、生产制造、环境整合、应变能力构成 A 公司的核心竞争力。

2）不同类型多元化战略与核心竞争力匹配

A 公司核心竞争力与战略匹配情况见表 4-5。

表 4-5　核心竞争力与战略匹配情况

核心竞争力	适用多元化战略类型
资源把控	垂直链型
生产制造	垂直链型
财务投资	垂直链型、相关型、非相关型
环境整合	垂直链型、相关型
应变	垂直链型、相关型、非相关型

综上所述，A 公司拥有的核心竞争力能与垂直链型多元化战略相匹配，故适宜将原本采取的非相关多元化战略转变为程度较低的垂直链型多元化战略。垂直链型多元化指渔业企业在经营过程中坚持以捕捞等主业为中心，有限地发展其他产品和劳务，即基于捕捞业务，将经营范围向产品价值链的下游延伸，进入水产品加工、市场消费等领域。

3）A 公司调整建议

根据上述企业能力和战略要求的分析，A 公司目前采取的最高程度的非相关多元化战略仅财务投资和应变能力可以匹配其战略要求，明显面临企业能力支撑不足的问题；而垂直型多元化战略对技术创新、市场营销、管理等软实力要求不高，可以充分发挥 A 公司基于资源的生产制造能力以及环境整合、财务投资能力，向下延伸产业链。

A 公司下一步应该采取较低程度的垂直多元化战略，剥离协同作用差的码头服务业、海上运输业，收窄业务范围，加深纵向发展，重点开展初加工、精深加工业，依托已有资源设备和原料优势，降低业务开展成本，同时凭借财务优势大力开展技术创新引进工作，提升产品附加值，同时注意加强产品品牌建设和市场营销团队培养，在已有的针对 B 端客户的销售网络基础上进一步向 C 端渗透，凭借在业内的良好口碑、低成本、高质量、高附加值等优势大力推广加工产品，从而达到市场有需求、客户有基础、供应有保证、质量价格有优势的良好局面，提高公司利润率。

另外仍要重点关注捕捞业务，按照既定目标和工作规划稳步推动主业发展，避免过度从主业"吸血"。

4.5　关键要点及总结

本案例以 A 渔业公司多元化的复盘回顾为主线，分析面临的问题、决策考量、解决措施、实际效果等，探究其实施多元化经营后效益仍不见起色的背后逻辑，帮助学习者深刻理解多元化战略及企业核心竞争力的主要内容。

4.5.1 A 渔业公司战略决策失败的表现形式

A 渔业公司战略决策失败的表现形式主要包括以下两种：

（1）固守经验型决策：A 渔业公司试图将原远洋捕捞业务的资源与成功经验，延展至海上冷藏运输、海产贸易、渔获加工、码头港口服务等产业链下游环节，新业务虽与原远洋捕捞业务有关联，却属于完全不同的业务领域。

（2）感性冲动型决策：虽然 A 渔业公司的决策经过了高管会议讨论和分析，但决策成员集体出现了盲目乐观、以自我为中心进行决策的现象。向产业链下游各环节延展的决策均不是从市场需求角度出发的，只是从如何利用自身资源能力的角度做出的"自我陶醉"型决策。

4.5.2 A 渔业公司战略决策失败的理论依据

前文主要依据多元化战略的理论框架和内容，包括多元化战略的目的、风险、战略执行关键点、对企业的能力要求等，对 A 渔业公司战略决策失败的原因进行了分析。

多元化战略的风险突出表现在资源被分散、业务间协同效益差、顾此失彼等。在战略选择时应注意业务选择之间的内在联系及业务和资源的匹配关系。在拓展新业务时，切忌多头并举，雨露均沾。每个开展的新业务在初期都需要大量的资源和能力支持，在新业务尚未稳定前需要持续的人、财、物投入。A 渔业公司同时推进了产业链下游的四项业务，每项业务的支持力度有限，没有在资源分配时兼顾统筹性、重点性、针对性，导致最终每个新业务获得的支持力度都不足，均没有达到理想的盈利目标，形成良性的自我造血机制，反而拖累了主业。

非相关多元化战略对企业能力的要求最高，而 A 渔业公司的核心竞争力仍停留在远洋捕捞领域，尚未培养出新业务所需要的能力。因此，A 渔业公司新业务推进不理想，主要归因于非相关多元化战略与企业核心能力不匹配。在短时间内难以全面提升企业各项能力时，建议降低 A 渔业公司的多元化程度，以减少对企业能力的要求，提高战略与能力的匹配度。

第5章
令人惋惜的美亚汽车

摘　要：为应对 2008 年金融危机，我国政府出台了一系列利好政策扶持汽车产业，2009 年我国汽车市场出现井喷式增长。天津天汽集团美亚汽车制造有限公司为紧抓这一市场机会，制定并实施了基于产品多元化的"十二五"发展战略，但未达到预期效果。本案例复盘美亚汽车公司"十二五"战略制定的背景、目的、内容及实施效果，分析其"十二五"战略制定及实施过程中存在的问题，旨在帮助学习者学习和运用多元化战略理论，深入理解不同层次多元化战略的动机、适用条件、优缺点、对企业的能力要求等。可配合"战略管理"课程中多元化战略章节教学使用。

关键词：多元化战略、核心竞争力、美亚汽车

5.1　案例正文

　　天津天汽集团美亚汽车制造有限公司（以下简称"美亚汽车"）成立于 2003 年 6 月，是由天津汽车工业（集团）有限公司（以下简称"天汽集团"）下属的"天津三峰客车有限公司"和"天津市专用汽车厂"通过企业重组注册成立，是天津汽车工业集团的骨干整车生产企业之一，也是天津汽车工业战略规划的重

要组成部分。

公司经营范围涵盖汽车和零部件产品的开发、设计、制造、销售（不含小轿车），进出口业务，房屋场地租赁等业务。2009 年 12 月 29 日，美亚汽车新址开工建设，2011 年 10 月，新工厂建设完工，项目总投资 5.58 亿元，2012 年 2 月新厂投入生产。美亚汽车新址占地面积约 18 万平方米，建筑面积约 5 万平米。拥有符合国家标准及企业生产需要的冲压、焊装、涂装（含小件喷漆）、总装（含调试）生产线和质量检测线及与之相配套的动力、能源和其他设备设施，具备年生产 5 万辆汽车的生产能力。

2008 年的金融危机对我国汽车行业带来了较大的影响，汽车市场产销分别为 934.51 万辆和 938.05 万辆，产销增长率分别为 5.2% 和 6.7%，与 2000—2007 年年均产销增长率 22.23% 和 20% 相比，均出现大幅下滑。

为应对金融危机的冲击，2008 年下半年及 2009 年初，我国政府陆续出台了一系列经济提升和汽车产业振兴政策，2009 年四季度我国经济出现了回升向好态势。2009 年全年国内生产总值达到 33.5 万亿元，比上年增长 8.7%，为 2010 年中国汽车市场走上平稳较快发展轨道奠定了基础。2009 年我国汽车产销量分别为 1 379.1 万辆和 1 364.48 万辆，同比增长 48.3% 和 46.15%。乘用车产销 1 038.38 万辆和 1 033.13 万辆，同比增长 54.11% 和 52.93%，同比增长创历年最高，2009 年我国汽车市场出现"井喷式"增长，我国一举成为世界第一大汽车生产和销售市场。

在这千载难逢的当口，美亚汽车管理层也希望能够借此东风，趁机在迅速扩张的国产汽车细分市场中分得一杯羹。于是，美亚汽车管理层开始筹划"十二五"企业战略的制定工作。

5.1.1　十二五战略制定：多产品规划抢占细分市场

在国家各种利好汽车市场政策的刺激下，2010 年我国汽车市场企稳回升势头明显。2010 年 6 月的一个下午，天空格外的蓝，像被雨水冲洗过一样。此时，美亚汽车管理层的心情也如窗外的天气一样格外晴朗，对美亚汽车的快速发展信心十足。美亚汽车公司领导层敏锐地捕捉到了国产汽车这一细分市场发展的机会，战略规划部经过调研，制定出了多个雄心勃勃的发展方案。最终入选决策层讨论的是其中两个方案：一个主张采用多产品战略在多个细分市场上同时发力，遍地开花；另一个则主张将原单一产品做强做大，实现单品突破。两种方案殊途同归，都是为了加速美亚汽车的发展，但应选择哪个途径，公司管理层内部出现了不同意见，并展开了激烈地辩论。

1. 多元化战略还是爆品战略？

以董事长为代表的部分管理层人员认为，仅靠一款车型打天下的时代已经一去不复返了。趁着政策好，机会难得，公司应在各汽车细分领域齐头并进，一起发力，抓住每一个细分市场的机会，迅速抢占正处于增长期的汽车市场。而且，在行业大好的背景下，即便是某一两款产品销量不佳，也不会影响公司的整体业务增长。多个产品的组合在一定程度上还可以分散风险，确保业绩整体增速。

而以总经理为代表的另一部分管理层人员则认为，美亚汽车现有基础并不扎实，公司在资金、技术研发以及内部管理等方面与竞争对手相比较薄弱，不足以支撑多产品战略开展。现有的皮卡产品的竞争力在市场中仅处于中下游水平，盲目扩大产品线，不仅会分散现有产品中本就不充裕的资源，还要面对从未涉足的其他车型领域，困难重重，不如将已有一定基础的皮卡业务升级迭代，在国产皮卡这一细分市场做足功课。

原定一小时的决策会，硬生生开了五个多小时。各方不断阐述自己的观点和例证，谁也说服不了谁。最终，还是董事长拍了板："美亚汽车已经脱离主流整车市场多年，在重新步入市场时，由于咱们知名度较低，很难在市场上激起足够的浪花，极易被消费者忽视。还是多点开花吧，说不定哪个车型一下就火了呢。到时候咱们根据情况再集中发展势头最猛的车型也不迟！"

就这样，为满足不同细分市场消费群体多样化的消费需求，美亚汽车管理层决定拓宽产品系列宽度，由原有皮卡单一产品系列，拓展为拥有皮卡、MPV（多用途汽车）、微型客车、A 级 SUV、A0 级 SUV 的全系列，其中微型客车、A 级 SUV 为全新开发产品，MPV、A0 级 SUV 是在原有未投入生产的轿车 T3 平台上进行改款的车型（因此两款车型外观类似），具体产品规划见图 5-1。

图 5-1　美亚汽车产品规划

2. 美亚汽车"十二五"战略主要内容

根据当时国内汽车行业的发展环境，美亚汽车管理层在多产品战略和爆品战略中选择了前者，意图推出新产品，给消费者提供丰富的产品选择空间。同时，由于国内市场上新车的置换周期缩短，新车上市后必须做到一年一小改，两年一大改，以保持产品的新鲜感和吸引力。因此，针对各细分市场，美亚汽车做出了"十二五"战略规划。

1）"十二五"各产品战略及分解计划

美亚汽车原为生产皮卡的企业，由于没有获得轿车的生产资质，计划将原已开发完毕的 T3 轿车平台改型用于生产 MPV 及 A0 级 SUV；第二，全新开发微型客车、A 级 SUV 两款全新产品；第三，在原有皮卡产品基础上，重新开发车身并对局部进行改型。其"十二五"产品战略规划内容及分解计划详见表 5-1。

表 5-1　美亚汽车"十二五"规划内容及分解计划

序号	车型规划	产品战略	"十二五"战略内容				
			2011 年	2012 年	2013 年	2014 年	2015 年
1	皮卡	在现有皮卡基础上，进行底盘优化和车型改型	（1）通过重新设计开发机盖、翼子板等相关车身内板、更改前部造型；（2）优化发动机状态、简化内饰、精简配置，满足低端皮卡市场	进行底盘优化、重新设计、开发四驱车		更改车身前部造型及内部分饰件、调整车配置	对车身前部造型进行重新设计、调整配置
2	MPV	在 T3 轿车车型基础上，改型开发七座 MPV 产品	在 T3 轿车车型基础上，开发 4 前进挡自动挡车型，增加天窗配置				
3	微型客车	推出全新微面车、扩展微卡车、渗入城乡消费群、中小企业主群体、参与城市物流车竞争		以超级平台的模式开发全新的微面及由其演变的微卡车型	对前后保险杠组合灯等进行改型，同时调整部分内饰件；开发双排微卡、单排微型卡车		对前后保险杠、中网、机盖等进行改型，同时调整部分内饰件
4	A 级 SUV	研发全新 A 级 SUV 车，参与中高档 SUV 市场竞争	开发全新的 SUV 车身，改善内外饰质量和整车性能	开发全新的 A 级 SUV		对车身局部、内外饰和配置进行改进	
5	A0 级 SUV	通过对 T3 轿车车型底盘部分进行转型设计，实现 T3 产品的转型			在 T3 基础上，进行转型开发一款分时四驱 A0 级 SUV		通过更改前、后保险杠等外部造型改变整车外部的风格

2）"十二五"战略销量规划

2011—2015 年，美亚汽车规划销量共计 27.5 万辆，其中皮卡 5.3 万辆，MPV10.2 万辆，微型客车 6 万辆，A 级 SUV2.8 万辆，A0 级 SUV3.2 万辆，十二五期间预计实现销售收入 167 亿元。2011—2015 年各产品销量规划详见表 5-2。

表 5-2　2011—2015 年各产品销量规划

产　品	2011年	2012年	2013年	2014年	2015年	销量小计/万辆	单价/万元	销售额/万元	销售额占比/%
皮卡	0.8	1	1	1	1.5	5.3	5.2	27.6	16.5
MPV	1.2	2	2	2.5	2.5	10.2	5.5	56.1	33.6
微型客车		0.5	1	1.5	3	6.0	3.7	22.2	13.3
A 级 SUV			0.3	1	1.5	2.8	15	42.0	25.1
A0 级 SUV			0.7	1	1.5	3.2	6	19.2	11.5
小计	2.0	3.5	5.0	7.0	10.0	27.5		167.1	100.0

3）细分市场竞争力规划

按照美亚汽车"十二五"战略规划销量，预计皮卡销量 5.3 万辆，市场份额占比 2.69%，进入前十名，并让美亚汽车成为主流皮卡生产企业；预计 MPV 产品市场份额达到 1.48%，市场排名进入前十五名；预计微型客车销量 6 万辆，市场份额 0.8%，进入前十名，并让美亚汽车成为主流微客车企；预计 A 级 SUV 及 A0 级 SUV 销量合计 6 万辆，市场份额 0.36%，进入前二十名。2011—2015 年美亚汽车各细分市场竞争力规划详见表 5-3。

表 5-3　2011—2015 年美亚汽车细分市场竞争力规划

产　品	十二五期间市场销量/万辆	美亚销量规划/万辆	规划市场份额占比/%	生产企业数量	预计排名
皮卡	197.2	5.3	2.69	30	前 10 名
MPV	690.84	10.2	1.48	20	前 15 名
微型客车	749.36	6	0.80	15	前 10 名
SUV	1 675.13	6	0.36	22	第 20 名

5.1.2 "十二五"战略资源准备

在"十二五"战略制定完成以后，美亚汽车管理层为保障"十二五"战略的落地，在资金支持、组织架构、人才培养、硬件配置以及技术研发等方面也进行了相应部署和筹备。

1. 资金支持

摆在公司管理层面前的首要问题就是，"十二五"战略所需的资金从哪里来？公司自 2003 年注册成立之日起，由于连续多年亏损，原有注册资本基本耗费殆尽。在母公司几次增资以后，注册资本增加至 2.06 亿元，目前账面资金仍不足以满足"十二五"战略的资金需求。财务部门和银行机构进行了几轮接洽，但由于公司多年亏损，资产负债率较高，银行均表示无法进行借款，因此"十二五"战略的资金来源目前仅剩下向母公司内部借款这一唯一渠道。截至 2016 年底，美亚汽车累计共向母公司天津汽车工业集团借款约 5.8 亿元，为公司"十二五"战略提供了极大资金支持。

2. 组织架构调整

为满足美亚汽车"十二五"战略发展需求，公司领导层决定对公司组织架构进行调整，依据各部门的职能属性，将公司原有 11 个业务及职能部门重新划分为 7 个业务系统，包括生产设备系统、产品技术质量系统、销售系统、采购物流系统、资源支持系统、法务管理系统、党工团系统，以上系统共设有十几个部门，以求健全组织构架，打通各产品系列的边界，资源共享，发挥协同效用。具体组织结构见图 5-2。

3. 人才培养

为满足"十二五"战略对技能型人才的需求，美亚汽车与国内十余家院校、培训机构建立了密切的校企合作关系，采取"校企联合""订单式"培养方式，储备技能型人才，当时，公司职工共计 280 余人，其中高中及以下学历人员占 64%，专科学历占 20%，本科及以上学历占 16%。由于人员数量和人才质量有限，基本只能满足单一产品皮卡的研发、生产和销售，无法满足多元化战略对人才的需求。

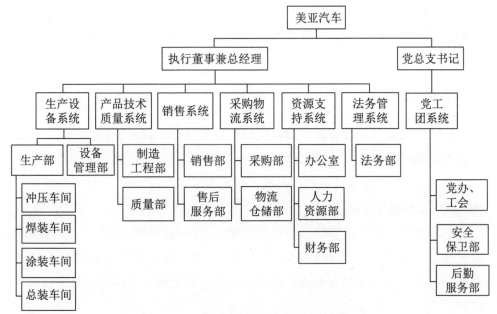

图 5-2　美亚汽车调整后的组织架构图

4. 硬件配置

为扩大生产规模，优化生产工艺，进一步做大做强天汽集团，实现天津汽车工业的可持续发展，美亚公司进行了厂址搬迁。新址搬迁项目被列为天津市委、市政府确定的 100 项重大工业建设项目之一。

公司搬迁新址以后，按照现代化汽车生产工艺规划，新建了冲压、焊装、涂装、总装车间四大整车生产车间，采用了现代化柔性生产技术，能够满足 SUV、MPV、皮卡、微型客车等不同车型的共线生产；相应建设了质量检测线以及与之相配套的动力、能源和其他设施；在生产设备投入方面，采用了先进的工艺生产设备 425 套，其中专用设备 301 套；在厂区内规划了零部件仓储中心及整车存储中心。

美亚汽车新厂区规划产能为年产 15 万辆汽车，项目分为一期、二期进行建设。2012 年 2 月，新工厂一期项目建成投产，年产能 5 万辆。美亚汽车在项目一期共投资 5.58 亿元，基本消耗了母公司天汽集团为"十二五"战略向美亚汽车借出的全部资金。项目一期能够满足公司"十二五"战略规划中 2011—2013 年的产能要求。公司将视销量情况启动二期项目建设，二期项目建成后完全可以满足美亚汽车"十二五"期间规划销量的生产任务。

5. 技术研发

公司经过前几年的积累，拥有皮卡产品完整的车身外观设计专利、工艺及技术资料；在国家 3C 认证方面，公司生产的皮卡产品已经通过国家 3C 认证并获得了 3C 产品认证证书；在质量体系建设方面，公司于 2006 年获得了 ISO9000 质量体系认证。

但与"十二五"战略规划的要求相比，美亚汽车的研发能力尚有不足。研发团队仅有 7 人。为满足公司"十二五"规划中皮卡产品的研发升级和其他产品系列的技术研发需要，公司计划委托外部第三方设计公司进行研发设计。

公司将 A 级 SUV 产品委托给外部设计公司进行全新开发，2012 年产品开发完成，并进行了小批量试装，共计生产 20 台。后因产品质量问题，无法进行大批量生产，供应商陆续停止供货，导致该车型无法继续生产。

6. 品牌形象

公司领导深知美亚汽车这个品牌在市场上认知度较低，单纯依靠美亚品牌很难在市场上与其他品牌企业竞争。于是，公司领导希望借助母公司天汽集团的品牌效应，为企业形象进行背书，母公司为支持美亚汽车发展，向美亚汽车进行了品牌使用授权（见图 5-3），希望天汽集团的品牌形象对公司实现"十二五"战略产品在市场上的推广起到积极的促进作用。

图 5-3　天汽美亚牌注册商标

5.1.3　"十二五"战略以失败告终

回顾美亚汽车"十二五"期间经营情况，笔者心中不禁涌起一丝酸楚。美亚汽车在"十二五"期间实际销量共计完成 4 196 辆，其中皮卡销量 4 026 辆，MPV 产品销量为 0，微型客车销售共计 150 辆，A 级 SUV 完成 20 辆，A0 级 SUV 销量为 0，五年的时间，整个美亚团队白白耗费了大量时间、精力、资本和各种资源，最终结果却是负债累累，亏损金额进一步增大，"十二五"战略最终以完败告终。

1.市场销量远低于预期

2010—2015 年，各产品开发项目均按照"十二五"规划全面展开，美亚汽车投入大量人力、物力、财力进行市场调研，产品设计开发、验证，工艺技术文件编制，供应商渠道开发，样车生产，产品测试等工作。然而，最终投入批量生产的仅有皮卡、微型客车产品和 A 级 SUV 产品，五年间累计生产销售 4 196 辆（见表 5-4）。

表 5-4　2011—2015 年销量完成情况

产　　品	2011 年	2012 年	2013 年	2014 年	2015 年	小　　计
皮卡 / 辆	0	1 843	1672	485	26	4 026
MPV/ 辆	0	0	0	0	0	0
微型客车 / 辆	150	0	0	0	0	150
A 级 SUV/ 辆	0	20	0	0	0	20
A0 级 SUV/ 辆	0	0	0	0	0	0
小计	150	1 863	1 672	485	26	4 196

美亚汽车"十二五"规划销量 27.5 万辆，实际销量只有 4 196 辆，仅完成了目标销量的 1.5%，其中销量最大的皮卡完成了规划销量的 7.6%，微型客车实际完成 0.25%，A 级 SUV 仅完成了 0.07%，MPV 以及 A0 级 SUV 销量均为零（见图 5-4）。

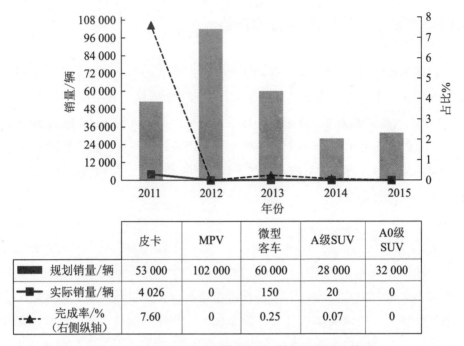

		皮卡	MPV	微型客车	A级SUV	A0级SUV
■	规划销量/辆	53 000	102 000	60 000	28 000	32 000
■	实际销量/辆	4 026	0	150	20	0
▲	完成率/%（右侧纵轴）	7.60	0	0.25	0.07	0

图 5-4　2011—2015 年实际销量与规划销量对比情况

2. 众多产品半路夭折

在公司的"十二五"战略规划中，计划将 T3 轿车平台改款为 MPV 及 A0 级 SUV 产品平台，全新开发微型客车以及 A 级 SUV，将原有皮卡产品进行车身全新设计开发及局部改型。然而，改款产品最终没有投入生产，全新开发的产品微型客车只生产了 150 辆，A 级 SUV 仅生产了 20 辆。

（1）皮卡

规划中预计的皮卡销量为 5.3 万辆，销量占比 20%。实际上，皮卡产品从 2012 年到 2015 年共计生产销售 4 026 辆，开拓了一定的市场，而且皮卡销量占美亚汽车实际全部销量的 96%，然而因产品换代升级不足，市场占有率微乎其微。

（2）MPV

MPV 产品由于产品公告审批未通过，导致该产品无法投入生产。

（3）微型客车

微型客车车身及核心零部件均采购于长安微面，在 2011 年生产了 150 辆后，长安汽车停止了供货，而美亚汽车内部研发能力及核心技术储备不足，导致微型客车产品停止生产。

（4）A 级 SUV

A 级 SUV 产品 2012 年试装了 20 辆，由于产品质量问题，无法大批量生产，后续供应商停止供件，导致该产品停产。

（5）A0 级 SUV

在 T3 车型改型 A0 级 SUV 产品的计划实施过程中，因调整内容较多，改型技术难度较大，最终改型未完成，因此 A0 级 SUV 产品未投入生产。

2016 年，经公司管理层研究决定，后续生产经营计划将按照满足工业和信息化部对汽车生产企业维持生产资质的最低要求执行，即连续两年最低年销量不低于 500 辆，由此，2016 年至 2019 年，美亚汽车仅生产 500 余辆皮卡（见表 5-2）。

表 5-2 美亚汽车 2016—2019 年皮卡销量

项　　目	2016 年	2017 年	2018 年	2019 年
皮卡市场销量 / 辆	346 892	410 665	451 300	452 210
美亚皮卡销量 / 辆	575	0	563	0
市场占有率 /%	0.17	0.00	0.12	0.00

5.1.4　如果时光可以倒流……

2012—2013 年，美亚汽车唯一能够勉强维持正常销售的车型仍旧是最早起家的皮卡产品。然而，在其他车型上的持续投入使得美亚汽车很难在皮卡上继续投入进而更新迭代。

2018 年，天津本地一家造车新势力企业希望能够收购美亚汽车。对身处窘境、基本处于停产状态的美亚汽车来说，如果能够获得外部企业持续发展资金的注入和具有市场竞争力的新产品的投入，也许对未来的发展会是一个不错的选择。其希望通过外部财务资源、市场渠道、产品资源、研发能力、创新能力的注入，充分激活企业自身的生产能力，重获新生。然而，这次企业收购至今仍在进行中。

回顾 2010—2018 年我国汽车市场的变化，除 2018 年受全球金融危机影响，市场销量有小幅下降外，其他年份的行业规模及企业规模均保持稳定增长，涌现出了一批优秀的国产汽车自主品牌。

在这期间，单看皮卡市场，就有长城汽车、中兴汽车、福田汽车、黄海汽车、江淮汽车等异军突起，占据了2011—2015年国内皮卡市场的7席，市场份额占国内皮卡市场的67%，而合资品牌仅占据前10位中的3席，市场份额占33%，国产品牌市场份额是合资品牌的两倍（见图5-5）。

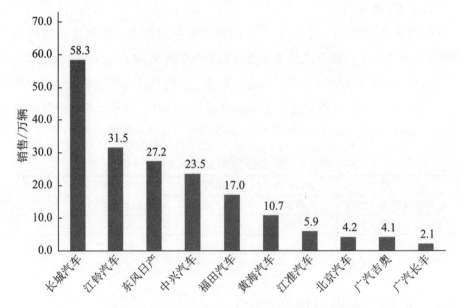

图5-5　2011—2015年中国皮卡市场前十名销量

数据来源：中国皮卡网。

如果美亚汽车能够如期完成5.3万的皮卡销量目标，将在皮卡市场中排到第八位，市场竞争力不亚于合资汽车品牌。美亚汽车自身具有一定基础，"十二五"期间如能采取正确的企业战略，或抓住战略调整机会，或许会成为国产汽车市场中的一颗璀璨的明珠。

"十二五"期间，我国汽车市场形势一片大好，而美亚汽车却沦落到了为保生产资质艰难生存的地步，到底是什么原因造成了这样的结局？如果时间能够倒流，美亚汽车是否能够成为和长城汽车、北京汽车、江淮汽车等一样知名的国产车企？

5.2　思考题

1. 美亚汽车为何选择基于多产品组合的五年战略规划？

2. 美亚汽车多元化产品战略的目的和内容是否合理？

3. 美亚汽车在执行多元化战略过程中遇到了哪些问题？为什么会遇到这些问题？

4. 如果复盘调整美亚汽车多元化战略的制定和执行，是否有转败为胜的机会？

5.3　分析思路

本案例以美亚汽车"十二五"战略的制定与执行为主线，基于多元化战略理论，剖析美亚汽车"十二五"战略制定的背景、目的、内容以及执行效果等，探究不同层次多元化战略对企业能力要求的差异，就公司"十二五"战略制定和执行过程中存在的问题，针对性地提出复盘调整方案。具体内容如下：

第一，对美亚汽车"十二五"战略适用条件进行分析，从而鉴别美亚汽车是否具备实施多元化战略的适用条件，启发学习者了解多元化战略适用条件的内容及分析方法。

第二，运用多元化战略理论，对公司"十二五"战略制定的目标和内容进行分析，引导学习者熟悉多元化战略理论的分析框架和分析步骤。

第三，回顾美亚汽车"十二五"战略执行情况，归纳总结公司多元化战略实施过程中存在的主要问题，旨在让学习者深入理解多元化战略风险，以及多元化战略对企业资源和能力的要求。

第四，基于不同类型的多元化战略对企业能力的要求，通过对美亚企业资源和能力进行盘点，分析和鉴别企业核心能力，让学习者了解企业有形资源、无形资源及核心能力的筛选过程和方法。复盘美亚"十二五"战略制定及实施过程中存在的问题，针对性地提出调整建议，引导学习者再次理解多元化战略的适用条件、目的，深入体会企业战略与核心能力相匹配的重要性。

案例详细分析思路与步骤如图 5-6 所示。

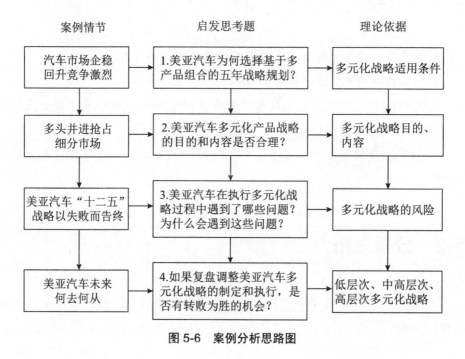

图 5-6　案例分析思路图

5.4　理论依据及分析

5.4.1　美亚汽车为何选择基于多产品组合的五年战略规划？

理论依据

多元化战略的适用条件

多元化战略又称多角化战略，是指企业同时经营两种以上基本经济用途不同的产品或服务的一种企业发展战略。成功实施多元化战略需满足以下条件。

（1）要培育好主导产业

对于准备实行或正在实行多元化战略的企业来说，稳定且有相当优势的主导产业是企业利润的主要源泉和企业生存的基础，也是多元化经营的基本前提。

（2）核心竞争力

核心竞争力是企业竞争力中最基本的部分，能使整个企业具有长期稳定的竞争优势，使企业可以获得长期稳定的高于平均利润水平收益的竞争力。企业只有具备了较为成功的核心竞争力，才有可能在多元化战略领域中依然占据优势。

（3）资源富余能力

企业要在多个领域从事经营活动，就要有雄厚的资产作为后盾，这不仅需要充足的人、财、物等有形资产，还需要企业形象、品牌等无形资产的支撑。

（4）新产业群要与主导产业有适当相关度

主导产业要与新产业群保持适当的相关度，过高和过低的相关度都不利于降低企业经营风险。已具备资源富余能力、但经营水平较低的企业，也不要轻易涉足非相关行业，否则会因经营水平低下而导致管理一片混乱，最终使企业走向衰退。

（5）要选择恰当的多元化经营切入时机和节奏

在已具备多元化经营的条件之后，选择恰当的切入时机和节奏便成了关键。任何一个企业都有生命周期，即生长期、成长期、成熟期和衰退期，因此，从企业的生命周期中可以找到恰当的多元化切入时机。一般认为，企业在专业化行业步入成熟期后，较为适合实行多元化战略，过早和过迟实行均不利于企业的发展。

（6）选择进入的产品的吸引力是否足够大

企业多元化行为是内部推力和外部拉力共同作用下产生的，企业对利润的追求和对企业能力的充分利用构成了多元化的内部推力，而产业的发展前景和产业高利润则构成了企业多元化的外部拉力。因此，对企业多元化经营产生影响的另一重要因素是产业的吸引力。

案例分析

美亚汽车从 2010 年上半年开始着手制定"十二五"战略，通过对外部宏观环境以及行业环境因素进行分析，认识到各细分市场均存在较大的发展机会，美亚汽车为在各细分汽车市场均占有一席之地，提出了以多元化为主要内容的"十二五"企业战略。

（1）要培育好主导产业

美亚汽车自 2003 年注册成立起，生产的产品主要是皮卡汽车，虽然经过多年的运营，皮卡产品在质量可靠性上得到较大的提升，但是由于美亚皮卡在市场上销量较低，在皮卡行业中一直默默无闻，在细分市场中属于可以被忽略不计的角色，未进入主流汽车生产企业行列。从原有主导产业经营情况看，美亚汽车不具备实施多元化战略条件。

（2）核心竞争力

美亚汽车经过多年的运营，在生产能力、产业人员培养和市场销售方面均具有一定的基础，但由于企业研发能力较弱，产品技术一直是企业的短板，在现有产业市场竞争中没有自己独特的核心竞争力。

（3）资源富余能力

由于美亚汽车的市场销量一直较低，无法达到盈利平衡点，自企业成立之日起，连年持续亏损，原有注册资本金已经消耗殆尽。为维持企业生存，母公司多次对美亚汽车增加投资，将美亚汽车注册资本金增加至 2.06 亿元。由于企业持续亏损，资产负债率较高，外部债权融资难度较大，"十二五"战略所需资金均需通过向母公司内部借款解决。在企业形象以及品牌方面，美亚汽车借助了美亚母公司天汽集团多年来在市场中形成的品牌优势，对企业市场推广有一定利好。从企业财务状况方面来看，企业不具备实施多元化战略的条件。

（4）新产业群要与主导产业有适当相关度

美亚汽车"十二五"战略规划的车型包括 A 级 SUV、A0 级 SUV、MPV和微型客车产品，原有主导业务为皮卡产品。其中 A 级 SUV、微型客车均需全新开发，A0 级 SUV、MPV 在未投入生产的 T3 轿车平台上进行深度改型，各产品的产品开发、目标市场均跨度较大，相关联程度较低，无法发挥多元化的协同效应。同时，原有产业较为单一，企业经营管理水平较低，无法满足多元化经营对管理水平的要求。

（5）要选择恰当的多元化经营切入时机和节奏

美亚汽车主导产品为皮卡产品，由图 5-7 可见，尽管 2005—2007 年皮卡市场增长率有所下滑，但市场增长率均在 26.5% 以上。2008 年受到全球金融危机的影响，市场增长率大幅下滑，2009 年在国家政策刺激下，增长率企稳回升，增幅达到 29%，皮卡市场由快速增长转为稳定增长，未来市场仍有较大的上升空间，从美亚汽车主业所处生命周期来看，正处于快速上升阶段，未步入成熟期，因此现阶段不是切入多元化经营的最佳时机。

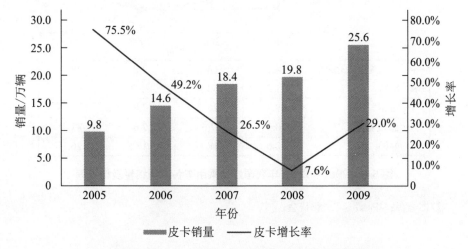

图 5-7　2005—2009 年我国皮卡销量及增长率

数据来源：中国汽车工业协会。

（6）选择进入的产品的吸引力是否足够大

2009 年，为应对金融危机，我国政府出台了多项利好政策，我国汽车消费市场止跌回升，并出现新一轮"井喷式"增长。由图 5-8 可以看出，我国广义乘用车各细分市场 2009 年较 2008 年均出现大幅增长，轿车、SUV、MPV、微型客车增幅分别为 48%、47%、26%、83%，从外部市场发展前景看，各细分市场均有较大发展空间，满足多元化战略实施条件。

通过对美亚汽车多元化战略适用条件进行分析，除产业发展前景以及行业环境在未来各细分市场均有较大发展空间，适合企业实施多元化战略外，在主导产业经营情况、核心竞争力、企业资源富余能力、新进产业与主导产业关联情况以及多元化经营切入时机等方面均不能满足多元化战略实施的条件。因此，美亚汽车不具备实施多元化经营的内部条件，不宜在公司"十二五"战略中采用多元化战略。

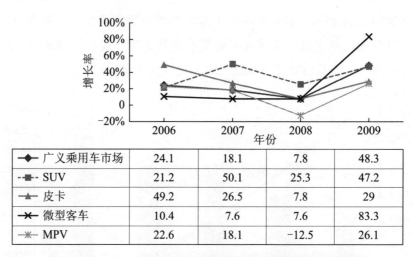

	2006	2007	2008	2009
◆ 广义乘用车市场	24.1	18.1	7.8	48.3
■ SUV	21.2	50.1	25.3	47.2
▲ 皮卡	49.2	26.5	7.8	29
✕ 微型客车	10.4	7.6	7.6	83.3
✳ MPV	22.6	18.1	−12.5	26.1

图 5-8 2006—2009 年我国广义乘用车各车型销量及增长率

数据来源：中国汽车工业协会。

5.4.2 美亚汽车多元化产品战略的目的和内容是否合理？

理论依据

1）多元化战略制定

多元化战略是相对于专业化战略而言的，其内容包括产品的多元化、市场的多元化、投资区域的多元化以及资本的多元化。

2）多元化战略目的

实施多元化战略的目的是获取融合优势，使经营两种业务或两个市场时的盈利能力大于各自经营时的盈利能力之和。

3）多元化战略分类

根据企业多元化程度以及各业务间的关联度，细分为三种层次、五类业务（见表 5-6）。

（1）低层次多元化（更倾向于专业化）

单一业务型：95% 以上的收入来自某个单一业务；

主导业务型：70% ～ 95% 的收入来自某个单一业务。

（2）中高层次多元化

相关约束型：来自主导业务的收入低于 70%，且所有的业务共享产品、技术或分销渠道。

相关联系型：来自主导业务的收入低于 70%，且各业务之间只存在有限的联系。

（3）极高层次多元化

非相关型：来自主导业务的收入低于 70%，且各业务间不存在联系。

表 5-6 多元化战略的层次及类型

	单一业务型	95% 以上的收入来自某个单一业务	
低层次多元化	主导业务型	70%~95% 的收入来自某个单一业务	
中高层次多元化	相关约束型	来自主导业务的收入低于 70%，且所有业务共享产品、技术和分销渠道	
	相关联系型（混合相关和非相关）	来自主导业务的收入低于 70%，且各业务之间存在有限的联系	
极高层次多元化	非相关型	来自主导业务的收入低于 70%，且各业务间不存在联系	

案例分析

本案例通过对美亚汽车制定"十二五"战略的目的及内容进行分析，识别"十二五"战略采用的企业战略类型，运用企业战略理论知识对美亚汽车"十二五"战略的制定进行评价，分析出了其战略制定存在的不足之处。

1）"十二五"战略的目的及内容

美亚汽车通过对外部环境分析后认为，MPV、SUV、皮卡和微型客车这几种细分市场存在较大发展空间。为紧抓市场未来发展机会，满足不同细分市场客户个性化需求，美亚汽车针对上述细分市场制定了相应产品规划，产品系列在原有单一皮卡产品的基础上增加了 MPV、A 级 SUV、A0 级 SUV 产品和微型客车，由一个车型的产品系列增加至五个车型的产品系列，拟在各细分市场均有所建树。

2）"十二五"战略评价

"十二五"规划对各细分市场的机会分析较为准确和深入，针对各细分市场制定了相应的产品规划。但该战略未对企业自身资源和能力进行分析和评估，企业资源和能力能否支撑"十二五"战略落地实施，将会成为该战略成功与否的决定性因素。

（1）"十二五"战略类型识别

美亚汽车"十二五"战略产品系列多达五种，各产品系列在技术研发、生产工艺、目标客户群体等方面的关联程度较低，且各系列产品销售额占比均低于 70%，因此美亚汽车"十二五"战略采用的是极高层次多元化战略。

（2）"十二五"战略制定过程中存在的问题

"十二五"战略对五个产品系列进行了规划，产品种类较多且分散，各产品系列跨度较大，产品间无法相互借力，无法发挥多元化协同效用，难以实现多元化的目的。美亚汽车尚不具备多元化战略实施的适用条件，多元化战略选择时机不当，实施方式比较盲目，除此之外，该战略与企业资源、能力匹配程度较低，该企业能力无法支撑该多元化战略的落地实施。

① 难以发挥协同效应，各产品系列难以相互借力

MPV、A 级 SUV、A0 级 SUV、皮卡、微型客车等产品关联程度较低，在产品开发、工艺技术、车身模具、市场推广、品牌宣传等方面难以相互借力，且目标客户群体不同，无法发挥"1+1>2"的多元化协同效应，从而无法实现多元化战略的目的。

② "十二五"战略与企业能力不匹配

美亚汽车的"十二五"战略属于极高层次多元化战略，该类型多元化战略对企业能力要求较为全面，包括技术研发能力、市场营销能力、经营管理能力、财务能力、人力资源以及生产能力。美亚汽车各项能力与极高层次多元化战略要求匹配情况详见表 5-7。

表 5-7　美亚汽车企业能力与"十二五"战略匹配程度

企业能力	能力内容	极高层次多元化与美亚汽车能力匹配
技术研发	产品设计、研究开发、研发设备、技术人才规模、研发管理、创新能力	不匹配
市场营销	销售渠道、促销活动、商标与广告、销售机构与力量、售后服务	不匹配
经营管理	组织架构设计、资源整合、流程管理、信息收集、企业领导人驾驭多元化战略的能力	不匹配
财务	财务状况、财务结构、融资能力	不匹配
人力资源	人员数量、员工思想素质、专业素质、身体及心理素质、能力结构	不匹配
生产	生产资质、设备设施、生产工艺、内部后勤系统、检验与质量控制、生产模式的协调与优化	匹配

美亚汽车除生产能力能够满足该"十二五"战略对企业能力要求外，其他能力如技术研发、市场营销、经营管理、财务以及人力资源能力均无法满足"十二五"战略对企业能力的要求。因此，该"十二五"战略与美亚汽车企业能力匹配程度较低。

综上所述，美亚汽车的"十二五"战略制定问题较多。该"十二五"战略的制定出发点是通过推出多系列产品，满足细分市场不同需求，使企业快速扩大规模。但该战略制定前仅对外部环境进行了分析，未对企业拥有的资源和能力进行分析，企业现阶段无法满足实施多元化战略的条件，企业资源和能力与外部市场机会不匹配，无法保证多元化战略的落地。

5.4.3　美亚汽车在执行多元化战略过程中遇到了哪些问题？为什么会遇到这些问题？

理论依据

多元化战略经营风险

在经济全球化进程不断加快的时代背景下，多元化经营策略成为企业参与市场竞争的必然选择，多元化经营在给企业创造巨大商机的同时，也可能会给企业带来较大的经营风险。

（1）企业自身资源过于分散，容易造成资源短缺风险

多元化经营需要在各新进领域或产品上投入大量人力、财力、物力，进行人才培养、技术研发、市场研究及推广、渠道建设和品牌宣传，各方面都需要有大量资源的支持。多元化经营容易产生投资分散后无力再进行资源优化配置与周转的问题，导致企业的人力、财力、物力都受到制约，企业不能正常运转，最终致使企业的整体经营失去市场优势。

（2）多元化经营会增加管理的复杂性，引发决策失误，带来风险

企业实行无关联多元化经营战略，就意味着要进入不太熟悉的行业，由于受专业知识所限，这就大大增加了管理复杂性和内部协调成本，这样的机制会降低企业对环境的适应性，由此带来决策失误的风险。

案例分析

"十二五"战略的失败有很多原因，包括战略制定中的问题，也包括战略执行过程中的问题。第一，"十二五"战略的制定与企业自身资源和能力不匹配；第二，在战略的执行过程中，由于采用多元化战略，企业资源投入过于分散，导致企业资源短缺，后续无法为主导产品升级换代提供支持；第三，由于企业领导人缺乏驾驭多元化战略经营管控的能力，未把握住进行实时动态企业战略调整的宝贵时机，仍坚持按照极高层次多元化战略执行，最终导致了"十二五"战略的失败。

（1）资源分散后企业无力再进行资源优化配置与周转

由于产品规划系列多达五种，其中 A 级 SUV、微型客车均需全新开发，A0 级 SUV 需多方面改型，皮卡底盘需优化，车身需重新设计开发，这些开发均需大量资金投入，并且公司无盈利产品提供资金补给，况且公司财务资源有限，公司资金分散投入到此五个产品系列的开发中，导致企业的人力、财力、物力都受到制约。建厂消耗了向母公司借出的全部资金，而且只是在生产端发力，没有在品牌和销售端发力，母公司的品牌影响力并不足以开拓市场。在 2014 年及后续的皮卡产品升级、换代过程中，研发投入不足，致使皮卡产品在细分市场中逐渐丧失了竞争力，销量一落千丈，丧失了在市场上的竞争优势。

（2）多元化战略带来管理复杂性，导致管理决策失误

产品系列的多元化给企业的财务流、物流、信息流、人事流等方面都带来了全面的影响，从而加大了企业管理层决策的难度，导致管理决策失误。调整和建立庞大复杂的组织架构的目的是打破产品系列边界，旨在发挥协同效用，这一意图是正确的。然而，在战略初期，组织构架调整动作过早，过多消耗了本就不多的资金和资源，与企业的战略发展阶段不匹配。2011—2013 年，A 级 SUV、微面产品在小批量试装后停止了生产；MPV、A0 级 SUV 产品由于技术研发能力不足，无法完成最终产品投入生产。上述四款车型的表现已经表明，美亚汽车的企业资源和能力无法支撑多元化战略的执行。此时，企业管理层应果断做出决策，及时调整企业战略，将极高层次多元化战略调整为低层次多元化战略，集中企业所有资源和精力，将相对成熟的皮卡产品做大做强。从 2014 年、2015 年皮卡的市场销量可以看出，企业并未做相应调整，导致皮卡产品逐渐淡出市场。

综上所述，美亚汽车在战略执行过程中存在诸多问题。极高层次多元化战略经营，使企业本就有限的资源，分散投资到了 A 级 SUV、微型客车的全新开发，以及 MPV、A0 级 SUV 的深度改型上，导致企业财务资源无法满足皮卡产品的后续升级换代；同时，多元化战略经营加大了对企业管理层经营水平的要求，增大了经营管理难度，导致企业管理层错失了实时动态调整企业战略的时机，从而导致"十二五"战略的最终失败。

5.4.4　如果复盘调整美亚汽车多元化战略的制定和执行，是否有转败为胜的机会？

理论依据

1）低层次多元化战略

低层次多元化战略倾向于专业化经营战略，分为单一业务型多元化和主导业务型多元化两种类型。其中单一业务型多元化是指企业销售额 95% 以上来自于同一产品，主导业务型多元化战略指企业销售额 70% ～ 95% 来自于同一产品。

（1）低层次多元化战略适用条件

■ 企业竞争地位较弱，市场正在快速增长；

■ 企业的资源不允许其追求广泛的细分市场；

■ 行业中各细分市场在规模、成长率、获得能力方面存在较大差异。

（2）低层次多元化战略优点

■ 单一业务经营，能以更高的效率和更好的效果为某一狭窄的细分市场服务，从而超越在较广阔范围内竞争的对手们；

■ 可以避免大而弱的分散投资局面，容易形成企业的核心能力。

2）汽车制造行业多元化战略对企业能力的要求

根据制造业的特点，很多学者对于制造业的核心能力评价做了很多研究，本文结合汽车制造行业的特点、前人的相关研究以及案例企业实际情况，将企业能力分为以下六个方面，并依据微笑曲线理论以及多元化战略不同层次特征对企业能力要求进行了分类和匹配（见表5-8）。

表 5-8　不同层次多元化战略对企业能力的要求

企业能力	能力内容	不同层次多元化战略对能力的要求		
		低层次	中高层次	极高层次
技术研发	产品设计、研究开发、研发设备、技术人才规模、研发管理、创新能力	适中	较强	强
市场营销	销售渠道、促销活动、商标与广告、销售机构与力量、售后服务	适中	较强	强
管理水平	组织架构设计、资源整合、流程管理、信息收集、企业领导人驾驭多元化战略的能力	弱	较强	强
财务	财务状况、财务结构、融资能力	弱	较强	强
人力	人员数量、员工思想素质、专业素质、身体及心理素质、能力结构	弱	弱	弱
生产能力	生产资质、设备设施、生产工艺、内部后勤系统、检验与质量控制、生产模式的协调与优化	弱	弱	弱

案例分析

核心竞争力是核心技术与企业管理能力、组织学习能力以及客户知识、营销知识的结合。美亚汽车自2003年成立起，也在不断加强自身核心能力的培育，经过多年的发展和沉淀，具有一定的基础。

1）有形资源分析

（1）财务资源

美亚汽车注册资本 2.06 亿元，原属于天汽集团下属全资子公司。天汽集团注册资本 43.770 5 亿元，是我国百家建立现代企业制度试点单位之一和国家 120 家企业集团试点单位之一，是集科研开发、生产销售、融资、外贸、服务一体化并进行资产经营的国有特大型汽车生产企业。

美亚汽车由于自成立之日起多年持续亏损，资产负债率较高，公司向银行借款能力较差，日常运营资金主要依靠向母公司内部借款维持。

（2）组织资源

美亚汽车拥有健全的公司治理体系，具有完整的管理组织架构，共计约 280 人。除此之外，公司还具有健全完善的管理制度及流程体系，高效的会议及报告体系。

（3）实物资源

美亚汽车公司新址占地总面积 18 万平方米，公司拥有符合国家标准及企业发展需要的冲压、焊装、涂装、总装四大整车工艺和质量检测线及与之相配套的动力、能源和其他设施；拥有工艺生产设备 425 套，其中专用设备 301 套；设有零部件库房及整车存储中心，具有完备物流配送设施。

（4）技术资源

美亚汽车可进行汽车和零部件产品开发、设计、制造（凭许可证经营），汽车销售、服务与修理等（不含小轿车），取得了商务部批准的进出口经营资质，拥有皮卡、A 级 SUV 产品完整的车身技术专利及整车制造工艺，微型客车车型制造工艺，具有集团授权的相关商标使用权。

通过对美亚汽车的有形资源进行分析，美亚汽车内部运营产生资金能力较弱，日常运营主要依靠向母公司内部借款维持。企业具有完整的公司治理体系、完善的整车生产设备设施、便利的交通环境、部分产品的车身专利技术、整车制造工艺，以及天汽集团商标使用权。上述有形资源可以保证部分产品战略落地实施。

2）无形资源分析

（1）人力资源

美亚汽车拥有完整的管理组织架构，共计约 280 人，其中公司高中及以下学历人员占比 64%，专科学历 20%，本科及以上学历占比 16%；公司具有传统优秀企业文化，企业内部信任感较强；在人才队伍建设方面，企业与国内十余家院校、培训机构建立了密切的校企合作关系，采取"校企联合""订单式"培养方式，储备技能型人才。

（2）创新资源

美亚汽车技术研发团队共计 7 人，产品研发、设计可依靠自身及第三方设计公司；企业拥有美亚牌 SUV 系统多功能商务车和微面车、皮卡系列、N1 类新能源车等四大系列，共计拥有 18 个大小排量汽（柴）油车不同规格的车型生产资质，但企业技术研发及创新能力较弱。

（3）声誉资源

美亚汽车产品销量较低，品牌传播力度不够，自身市场知名度较低。母公司天汽集团知名度较高，从 1982 年成立到 2002 年底，已累计生产汽车 170.572 7 万辆，其中夏利轿车 91.94 万辆，1999 年 1 月，"夏利"商标被国家工商局商标局认定为驰名商标。

通过对企业无形资源的分析，美亚汽车通过校企合作得到的技能型人才相对充足和稳定，企业内部创新能力及产品开发能力不足，自身市场知名度较低，但原母公司天汽集团具有较高的品牌及市场知名度，上述资源能够满足成熟产品的生产及市场推广。

3）美亚汽车能力分析与核心能力识别

美亚汽车自 2003 年成立以来，经过多年能力建设与培养，逐渐形成了具有一定优势的核心能力。依据可持续竞争优势的四个标准——有价值、稀缺、难以模仿、不可替代性，美亚汽车在市场营销、人力资源、生产能力方面可以构成其可持续竞争优势，在技术研发、管理水平、财务能力方面较弱，不能构成其核心竞争力（见表 5-9）。

表 5-9　美亚汽车能力分析与核心能力识别

职能领域	能力分析	核心能力识别
技术研发	研发团队 7 人，拥有轻型客车、皮卡、A 级 SUV 产品完整的车身外观设计专利、技术资料及工艺文件，通过国家 3C 认证并获得 3C 产品认证证书，公司于 2006 年获得了 ISO9000 质量体系认证	否

续表

职 能 领 域	能 力 分 析	核心能力识别
市场营销	通过与国内十多家经销商、服务站合作,实现了产品在全国范围内销售;同时积极开拓国外市场,出口到南非、埃及、尼日利亚、安哥拉等国	是
管理水平	公司组织架构相对健全,管理流程制度相对完善,拥有金蝶软件、ERP 软件、色彩管理软件、涂装自动编程软件等管理信息系统	否
财务	公司连年亏损,资产负债率较高,公司日常运营依靠向母公司借款维持	否
人力资源	采取"校企联合""订单式"培养方式,储备技能型人才,人员相对稳定,能够满足业务发展需求	是
生产能力	公司拥有除轿车外其他车型生产资质,完整的整车厂四大生产工艺以及柔性生产线,配备生产设备 425 套,其中专用设备 301 套,还具备相应的设备设施,能够满足 MPV、A 级 SUV、皮卡、微型客车以及 A0 级 SUV 产品生产需求	是

4)美亚汽车核心能力与多元化战略匹配程度

多元化战略类型不同,对企业的核心资源和能力要求也不同。依据不同层次多元化战略对企业能力的要求,美亚汽车企业能力与多元化战略类型匹配情况详见表 5-10。

表 5-10　美亚汽车企业能力及适用多元化战略类型

企 业 能 力	核心能力识别	适用多元化战略类型
技术研发	否	低层次多元化
市场营销	是	中高层次多元化
管理水平	否	低层次多元化
财务	否	低层次多元化
人力资源	是	中高层次多元化
生产能力	是	极高层次多元化

综上所述,通过对美亚汽车技术研发、市场营销、管理水平、财务能力、人力资源、生产能力进行分析和识别,美亚汽车除生产能力能够满足极高层次多元化战略外,市场营销和人力资源能力可满足中高层次多元化战略,技术研发、管理水平、财务能力仅能够满足低层次多元化战略的需求。

5)美亚汽车复盘调整建议

从美亚汽车企业资源、能力与企业多元化战略类型匹配程度来看,美亚汽车"十二五"期间更适合采用低层次多元化战略。针对美亚汽车"十二五"期间的复盘建议，企业需紧抓以下两次宝贵机会，具体内容如下：

（1）第一次机会：战略制定应采用低层次多元化中单一业务型战略

战略的制定应建立在对外部市场机会的识别以及与企业内部核心资源、能力相匹配的基础上，三者缺一不可。没有内部核心竞争力支撑的战略就是无源之水、无根之木，空中楼阁，企业战略即使制定得再完美，终究也是昙花一现，必将落得失败的结局。

① 市场机会分析

从前文对 2003—2009 年汽车发展趋势以及未来市场机会的分析可以得出，我国汽车市场经过 2003 年及 2009 年两年的井喷式增长后，市场增速将由原来的高速增长转为稳定增长阶段，未来汽车市场稳定增长将成为常态，在 SUV、皮卡、微型客车以及 MPV 细分市场中均有较大的发展空间。

② 企业核心资源和能力

从前文对企业核心竞争力的分析可以得出，美亚汽车经过多年的积累和沉淀，企业在市场营销、人力资源、生产能力方面具有一定的优势，技术研发、管理能力以及财务能力较弱。生产能力能够满足极高层次多元化战略需求，市场营销和人力资源可以满足中高层次多元化战略，而技术研发、管理能力以及财务能力仅能够满足低层次多元化战略需求。

③ 低层次多元化战略与美亚汽车条件匹配

皮卡汽车市场正在快速增长，但美亚汽车在市场上竞争地位较弱，在技术研发、管理水平、财务资源和生产能力方面较弱，不允许其追求广泛的细分市场；汽车行业中，SUV、皮卡、微型客车、MPV 各细分市场在规模、成长率、获得能力方面存在较大差异。

上述低层次多元化战略适用条件与美亚汽车企业资源、能力以及所面临的市场环境匹配程度较高。

④ 战略选择——低层次多元化单一业务型战略

综合考虑美亚汽车企业核心资源和能力以及细分市场机会，低层次单一业务型多元化战略应为企业战略的最好选择。目前美亚汽车仅拥有皮卡产品的车身核心技术，经过多年的生产及市场销售检验，产品相对较为成熟。产品外观、质量、性能在相应细分市场上具有一定竞争力。而微型客车、SUV

产品均需要全新开发，MPV 需要在 T3 基础上深度改型，均需要投入大量人力、财力，在企业资源和实力非常有限的情况下，应采用单一业务战略，集中企业全部资源和能力将皮卡产品做大做强。

⑤ 实施单一业务型多元化战略的优点

实施单一业务经营，能使企业集中全部资源和精力，以更高的效率服务于皮卡细分市场，从而获得竞争优势；由于企业资源和能力有限，实施单一业务战略可以避免将有限的资源分散于多个业务领域，发生资源短缺风险。

无论是从外部市场机会与美亚汽车资源与能力的匹配程度来看，还是从低层次多元化战略的适用条件，以及低层次多元化战略的优点来看，美亚汽车"十二五"战略采用低层次多元化战略都是最好的选择。

（2）第二次机会：执行过程中应及时调整战略，聚焦到表现最好的产品上

美亚汽车"十二五"期间采用了非相关多元化战略，2011 年，微面产品生产了 150 辆后即停止生产，2012 年，A 级 SUV 全新产品开发完成后试装了 20 辆，但随即由于产品质量问题停止了生产。2011 年、2012 年已连续两年暴露出技术研发能力薄弱的问题，在微客、A 级 SUV 停止生产，A0 级 SUV、MPV 产品前程未卜的情况下，管理层应果断调整经营战略，集中企业全部资源和精力投入到正处于市场快速上升期的皮卡产品上，努力提高其产品销量，提升市场占有率，为企业可持续发展带来现金余额，扭转公司长期亏损局面。

综上所述，针对美亚汽车"十二五"战略制定及执行过程存在的问题，以及结合企业战略理论知识，可提出如下改进建议：

- 企业战略制定可采用低层次单一业务型多元化战略，采用这种低程度多元化的战略可以减少企业资源与能力的分散，增大市场竞争获胜机会。
- 企业战略在执行过程中，应结合企业实际经营绩效情况，实时动态调整企业战略，实现企业战略与自身资源和能力相匹配。

5.5　关键要点及总结

本案例以美亚汽车为研究对象，复盘美亚汽车"十二五"战略制定及执行的波折经历，引导学习者学习多元化战略的目的、适用条件、内容及优缺点，

旨在帮助学习者深入理解企业战略与资源能力相匹配的重要性。

5.5.1 美亚汽车战略决策失败的表现形式

美亚汽车战略决策失败的表现形式主要包括以下三种：

- 机会导向型决策：美亚汽车在原有皮卡车型的基础上，追逐市场机会，开发 A 级 SUV、A0 级 SUV、MPV、微型客车产品，导致车型越来越多，企业变得大而不强；
- 无用创新型决策：部分车型只是外观有所区别，性能、底盘均与原皮卡无差别，特别是其中一款 A0 级 SUV，属于微型车，却设计了 7 个座椅。新车型的推出是为了创新而创新，不符合市场的真实需求；
- 感性冲动型决策：在新业务推进受阻时，原皮卡销量仍较为稳定，成为美亚汽车的主要资金来源。此时企业拥有自救机会，但在面临重大危机时美亚汽车没有进行及时分析和调整，仍选择了原发展方向，最终导致企业破产。

5.5.2 美亚汽车战略决策失败的理论依据

美亚汽车战略决策失败的理论依据是多元化战略和企业的核心竞争力。

多元化战略分析框架包括目的、适用条件内容、风险等，各部分之间相互关联，不可分割。在分析美亚汽车时，需对外部环境进行分析，以了解目标行业所处的宏观环境情况；对目标行业的环境进行分析，以识别细分市场机会；对企业资源和能力进行分析，以鉴别企业核心竞争力；结合外部市场机会以及企业核心竞争力，以及不同多元化战略对企业资源和能力的要求，选择多元化战略类型，并依据企业战略执行情况，及时进行实时动态战略调整。

核心竞争力是多元化战略的灵魂，企业的多元化发展必须要以核心竞争力为基础才能取得成功。多元化战略对企业核心能力的要求包括技术研发、市场营销、管理水平、财务能力、人力资源、生产能力等。不同类型的多元化战略对企业能力要求也不同。成功的多元化经营是核心竞争力与市场机会的良好结合。积累、保持、运用和发展核心竞争力是企业实施多元化战略的前提和保障。

　　企业多元化战略的选择应该根据企业所处不同阶段的资源、能力与市场机会的动态匹配程度做出实时动态调整。当资源和能力匹配程度较低、市场机会低时，应采用低层次多元化战略；资源和能力两者匹配程度较低，市场机会大时，应采用低层次多元化战略；资源与能力匹配度高，但与市场机会匹配程度低时，应采用低层次多元化战略；资源、能力与市场机会三者匹配程度均高，可采用中高或极高多元化战略。

　　美亚汽车的失败，主要原因在于其将生产皮卡车型的能力跨越式地应用到了众多新开发的车型上，试图用较为薄弱的资源和能力支撑高程度的多元化战略，两者间严重不匹配，致使制定出的企业战略无法被有效执行。

第 6 章

倒在风口上的昔日巨头
——A 家政公司

摘　要：作为国内家政服务行业的头部企业，A 公司在 2019 年之前意气风发、风头无两，六年内获得多轮融资，经营版图遍布全国。然而，就在势头最盛时，A 公司被曝出资金链断裂，发展陷入泥沼，并牵出了"拖欠阿姨工资"等事件，加之新冠疫情影响，2021 年底，A 公司已负债累累，几近倒闭。本案例以 A 公司的四次商业模式调整为主线，梳理其模式演进的逻辑，剖析导致企业最终陷入困境的原因，帮助学习者深刻理解商业模式的主要内容，为平台型企业的决策者提供参考借鉴。

关键词：商业模式、家政公司、盈利、平台

6.1　案例正文

2021 年初，位于东五环常营附近的一栋装修气派的建筑，大门紧闭。路过的行人时不时探头往里瞧，昔日这里门庭若市，热闹非凡，现在却门可罗雀，一片萧条。这家成立了十四年的平台型家政企业，曾辉煌一时，创造业内佳话，现在却进入了漫长的冬季黑夜。

A 公司成立于 2006 年，创始人是中国某通讯公司高管，曾发明通讯相关专利。在创业初期，公司的定位是纯平台业务，目标是打造"家政界的携程"。真正涉足家政领域不久，触及了行业痛点且看到了行业即将迎来大发展的情况下，A 公司开始转变商业模式，以自营模式大力拓展家政相关业务，一度获得多轮融资，总计约 5 亿元。A 公司先后聘请明星陈某和贾某代言，公司业务也在短时间内拓展至大江南北，在 50 余个城市落地开花，率先在行业内推出标准化培训体系，吸纳国际化培训元素。A 公司推出的"家政查"APP 获得全国信用应用十大实践成果奖，是被提名的民营企业中唯一荣获"诚信体系典型案例"奖项的公司。两个精准扶贫案例也成功入选国务院扶贫办社会扶贫司的"企业精准扶贫综合 50 佳案例"名单。

A 公司的发展拐点出现在 2018 年。当年，它推出了轰动行业的"双免模式"，挥刀斩断了传统家政的盈利命脉——中介费。除了当年免收客户的中介费，A 公司还推出服务员培训费返还政策。一年后，公司陷入资金链困境，服务人员工资发放出现延迟，部分地区的服务员、员工、客户开始讨要工资和预存工资。2020 年春节过后，在原本家政行业的小高峰时段，一场突如其来的疫情让 A 公司雪上加霜，业务量骤降，加上外部融资频频失利，全国多个大区的多个城市开始闭店，出现了大批离职潮。

此时，A 公司历经十余年搭建的家政体系已几近瓦解。因服务人员和员工的工资款、客户的预存工资款等迟迟未发放，公司董事长被列入失信人名单。家政行业的巨头 A 公司为什么在瞬间土崩瓦解？背后的原因令人深思。

6.1.1　1.0"轻模式"切入家政行业

一张桌子、一台电脑、一个笔记本，就构成了家政公司的办公场所。家政公司小、散、乱，产业集中度非常低，服务人员分级缺乏标准，各家公司自己定价，没有一定的参考标准。多年以来，家政公司在众人心中就一直是这种形象。

在众多家政公司当中，A 公司算是行业里的一个特例。大多家政公司的负责人是女性，而且多为下岗女工。而 A 公司的 F 总是典型的高知理工男，属于中国最早接触互联网的那一拨人，在国外学习通信和计算机专业，归国后在中国电信集团工作，曾获得信息技术发明专利 6 项，国家科技进步奖 3 项，其中就有当年风靡全国高校宿舍的"201 电话卡"。早年，F 总家里曾出现在一年内换了数十位阿姨后仍没有找到合适人选的事，这让他萌发了涉足家政行业的念头。在对家政行业进行初步调查后，他发现这片市场前景宽广，头部企业几乎没有。当时市场中知名的家政公司大多运行模式非常传统：靠笔记本记录服务人员信息，需要通过电话寻找接单的服务员还。由于服务人员的年龄层次、文化水平不同，服务质量参差不齐，匹配订单的效率和成功率都十分低下。这些行业痛点让 F 总预感到，互联网思维，将会给这个行业带来革命性的变化，将给传统行业插上腾飞的翅膀。

1. 平台——搭起轻模式

"家庭服务跟吃饭、穿衣一样，是日常生活的一部分，发展需求太大了。这个行业还有近一半的客户需求没有被挖掘出来。"据 F 总介绍，他 2006 年做过全国调查，当时这个领域就已经有上千亿元的交易额。将互联网特点充分利用起来，汇聚家政服务人员，做服务资源的线上线下对接，是他当时认为改造这个传统行业的最好方式。2006 年 5 月，注册资金 1 000 万元的 A 公司正式成立，公司定位为"互联网＋家政"，致力于家政服务行业平台研发和业务综合运营。创业之初，以"成为最具竞争力的现代服务业运营商"为企业愿景，公司主要部门设在北京、天津两地，并在全国 56 个城市设有独资子公司或分公司，承建和运营家政服务网络中心。

A 公司打造的是以家庭为目标客户群的一站式家政服务平台，客户通过呼叫中心提出服务需求，由平台将订单对接给家政公司，家政公司派出服务人员直接为客户提供服务，而原属家政公司负责的预订、受理、派单、维护等全流程跟踪则由 A 公司平台负责，在服务过程中记录服务档案，为客户提供全方位的立体服务（见图 6-1）。在创立后的较长一段时间内，A 公司在全国范围内利用自己的系统优势和平台优势，成了当地家政行业的主流家庭服务平台。

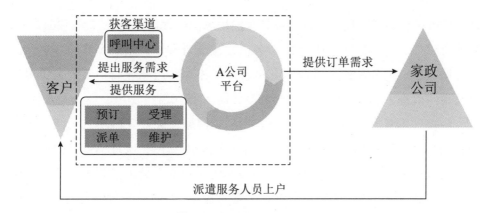

图 6-1　A 公司 1.0 轻模式

2. 加盟——助推轻模式

随着业务深入推进和信息技术革新，系统化运营迫在眉睫。2011 年，A 公司拿到了第一笔融资 5 000 万元，着手构建 OA 系统和 ERP 系统，建立整套业务管控系统，优化面向家政公司的服务平台。在 F 总看来，家政公司拥有的资源丰富，这些分散在街边的小门店是汇聚大量家庭服务人员的地方，而小门店这种传统的作业方式存在种种弊端，亟须现代生产方式改造。这些既是行业短板，也蕴藏着巨大商机。从以往情况来看，大多数传统家政企业依然采用牵线搭桥模式，以中介服务费作为主要收入来源，普遍规模有限。这种商业模式的弊端是：①供需双方纠纷众多，难以规避服务风险；②既无法锁定客户，也无法有效把控家政服务人员，难以形成规模；③盈利模式单一，进入门槛低。在当前激烈的竞争环境里，此模式主导的企业利润空间日益压缩。

为充分利用平台力量发展加盟业务，带动行业企业发展，解决痛点问题，盘活资源，A 公司成立了专门的加盟合作部，开始跟大大小小的家政公司谈加盟。加盟的家政企业只需要负责服务人员面试和日常上户管理，其他的订单流程以及客户的售后维护等工作均由 A 公司平台负责。由于为家政服务中介省去了大笔费用并增加了提供给阿姨的工作机会，各家政中介很乐意加盟。

3. 痛点——倒逼模式转型

此时的 A 公司热热闹闹地在全国各地开花，搅动了一定的存量市场，打破了传统家政公司纯线下店面获取订单的地域局限性，拓展了客源。2012年，A公司对外宣称，全国范围内和A公司建立加盟合作关系的家政服务中介已有三四万家。A公司的主要成本是平台开发相关费用、呼叫中心维护费用，以及硬件设备、人员工资等，综合利润率能达到10%～20%。

轻模式运营一段时间后，很快就遇到了问题。纯互联网模式的两头（服务员端和客户端）都不受平台控制，存在服务不到位、质量不过关的风险。单纯只做线上平台，其实就是空中楼阁，现存服务人员水平和客户要求的服务需求存在错位。如不能给客户提供满意的服务，意味着平台也发展不下去，而简单的用户评价、差评、好评难以倒逼服务质量提升。

据A公司F总介绍，他把跟家政公司的加盟合作想得过于理想化了。本来以为给家政公司订单，让供应商派服务员去服务，平台按统一标准来执行即可。但随后发现，传统家政公司的一些习惯很难改变，经常出现派人不及时、管理不到位的情况。即使平台会在提供服务后做跟踪查询，这些措施也是滞后的。此外，一些被培训过的服务人员服务完成后会回到原来的家政公司，在那个"染缸"里，常常又会变回以前散漫的老样子。

2012年，杭州市民李先生的一次经历，更深地揭示了这个行业的乱象。"真没想到看上去老老实实的保姆竟是个被公安机关追逃的诈骗犯！"提及自己新聘请的保姆阿青，李先生直呼被吓到了。通过中介，3月份，阿青开始在李先生家当住家保姆。因手脚麻利，阿青深得李先生家人喜爱。这天李先生下班回家，阿青不在家，饭菜也没烧，打阿青的电话，竟是派出所民警接的。警察说阿青涉嫌诈骗，已经被捕。李先生和家人跑到派出所一打听，才知阿青在一年前，"借"走前雇主5万元钱后就突然失踪。李先生一家的遭遇被曝光后，引起不少人的担心——家里的保姆、阿姨是不是有什么不知道的背景？

6.1.2 2.0"重模式"加大自营业务

家政行业市场规模随着客户需求快速增长，已接近万亿元级，移动互联网、大数据信息技术和各路资本争相涌入。

据 A 公司研究分析，当时的家政市场主要有三种经营模式：一是传统的纯线下家政公司，仍占市场份额的 60% 以上；二是纯互联网模式的家政服务，如 A 公司之前的轻模式，市场份额不到 10%；三是 O2O 模式，市场份额约为 30%。

家政 O2O 市场份额仍在不断扩大，传统家政服务企业正在数字化转型，新兴互联网家政服务公司提供了客户与服务人员的联接平台，将双向流动的信息高效匹配。O2O 模式充分利用了线上互联网平台的高效率和线下门店的质量把控能力，是当时较好的家政服务方式。由此，为解决 1.0 "轻模式" 面临的问题，2012 年底，F 总开始将 A 公司向重模式转型。

1. 蝶变——供需两头抓

在供给端，行业从业人员整体素质不高、职业素养有限，意味着该行业需要强大的体系支撑，才能提供优良的服务人员，提供标准化的服务产品。为此，A 公司将服务员纳入平台内部，将服务员业务版块纳入自营，不再由家政公司直接向客户派送服务人员，而是将家政公司作为服务员的招工渠道之一，自主负责服务人员的招工、培训、发证、管理、上户等工作，以把控服务质量。

在需求端，A 公司以社区为中心开设直营门店，通过社区或更小的服务站，让服务向前一步，更加贴近客户，对不同客户实际需求做精准化匹配。这里提到的精准度可以包括最近距离、最符合服务要求等。F 总认为只有这样才能让平台真正落地，将服务做深做实。下沉到小区并不仅仅是为了抢客户，在家政服务行业，信息是极具价值的。贴近客户，意味着更便于掌握第一手的市场信息，从而跑在竞争对手前面。2013 年，A 公司拓宽围绕中高档小区的直营门店布局，仅北京地区，直营门店数量就超过 70 家。除原有的呼叫中心外，A 公司还开发了手机 APP，搭建了操作简单的平台，方便客户下单。同时，为了充分利用网络运营相关渠道，在 58 同城、百度等平台上也开展了营销。

至此，A 公司在供需两端搭起了一个家政服务的 O2O 全产业链框架（见图 6-2）。

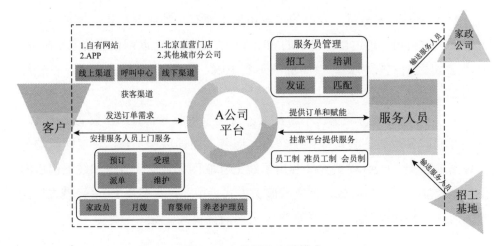

图 6-2　A 公司 2.0 重模式

2. 拓展——重模式下沉

为了优化供需两端，确保服务质量，A 公司开始将直营门店、管家模式、培训业务三个版块下沉做实。

1）直营门店下沉

开拓直营门店使 A 公司在很大程度上拓宽了客户覆盖范围。当时在 A 公司的会议室墙上，贴着两张地图，一张是全国近百个城市的分公司分布图，红旗几乎插遍全国各个省份；另一张是直营门店在北京的分布图，近百个圆形图标贴满了北京的五个环线和部分郊县，甚至包括毗邻北京市的河北燕郊。这些门店大多分布在社区附近，主要职责就是近距离接触客户、吸纳服务人员。自营门店的客单价保持在 1 500～2 000 元左右，主要来自客户缴纳的中介费。

家政服务平台要做重，更多针对的是对服务员的管理。服务员的能力不同、生活习俗不同、素质水平不同，难以将服务统一化、标准化。进小区、开直营店，这都只是表面形式，核心问题是如何对每个服务员进行个性化管理。A 公司计划利用大量的线下自营门店，把服务员群体组织得更加紧密，管理得更加严格。服务人员上户之前须与门店工作人员进行沟通交流，使门店工作人员掌握其能力、特长、性格特点、过往服务情况等信息。下户完成后，服务人员仍可回到门店等待下一单匹配。对服务人员来说，线下门店是中转站（待岗—匹配—上户）、补给站（下户休息站）和加油站（跟经验丰富的老师或服务人员学习技能），这也为日后 A 公司开展培训业务埋下了伏笔。

2) 管家模式下沉

2014 年，A 公司从客户角度出发，创新出了管家模式。管家模式打破了原中介业务的撮合思路，在服务方式上深挖用户需求，为其提供家政服务系统解决方案。客户通过门店提出家庭服务需求，由管家针对性地做打包方案，包括找保姆、月嫂、小时工，家电维修，代驾，陪护，康复锻炼，买养老产品，新鲜蔬菜配送等。客户只需对每一个服务项目支付相应的费用即可。

要想实行管家模式，不是到客户家中看看有几室几厅、有几个老人孩子就可以的，而是需要深入客户家庭内部，发掘需求，帮助其制定提升生活品质的解决方案并落实执行。管家服务需要对每个家庭成员都有深入细致的体察，换言之，管家服务是一种非常理想的服务，对任职管家的综合素质和专业能力是极大的挑战。

2015 年，为配合品牌形象转型，A 公司不惜自断其臂，将原来已具有一定影响力的公司名更改为以管家为核心内容的公司名。相应的，A 公司的揽客模式也发生了转变，由原来被动式的用户上门寻单，转变为家政管家主动出击与用户沟通，挖掘用户深层需求。A 公司正在进行的是一场自我内部革新，目的是向家庭服务综合平台迈进。

3) 培训体系下沉

服务员是 A 公司业务的基础和抓手，开展服务员培训，不仅能够提升服务质量，还能带来培训收入。为此，A 公司在 2015 年租下了北京西五环边上的一栋四层小楼，开启了服务员培训业务。

提供家庭家政服务的服务员大部分是农民工和"40 后""50 后"下岗职工，缺乏专业技能。培训学校会按工种分别进行针对性培训，如月嫂、育婴师、家政员、养老护理员、保洁等。同时，培训学校还开设职业道德、法律常识、家庭礼仪、操作规程等课程，形成了相对成熟的培训体系和服务考核标准。

经过几年打磨，培训学校配合直营门店，形成了招工、培训、发证、岗前培训、上户管理、下户复训的闭环流程，服务员的综合素质和专业技能显著提升，提升了公司口碑和品牌形象，带动了订单增长。在很长一段时期内，服务员带单和客户转介绍带单持续占据公司订单来源榜前几位。

A 公司的培训业务发展迅猛，除培训费外，还衍生出人社部技能鉴定考试、课程结业考试、服务评级考试等考试费，服务人员会员费、评级费、证书费、住宿餐费、体检费、工服费、教材费等收入。培训学校也由最初的四层小楼发展到四栋楼，在全国开设分院 50 余所。

3. 飞跃——服务全产业链成形

在 2.0 重模式运营下，A 公司打造的家政服务全产业链基本呈现雏形。重模式下，A 家政公司的营业收入包括：直营门店中介费、服务费，附加产品销售收入（如机器人、营养健康产品、保洁工具等），培训学校业务收入，平台管理系统和财务系统使用费用，金融业务（含白条、理财）、支付业务收入，行业数据销售、整体解决方案收入，合伙人及加盟商收入，政府补贴等。其中，来自服务员端、客户端和资本端的收入占主要部分。与轻模式阶段相比，重模式下的 A 公司营业收入猛增了 30 倍不止，2016 年交易总额达到 15 亿元。

1. 客户端

在客户端，A 公司创新推出的管家模式和会员模式，增加了客户黏度，不仅减少了私单风险，还进一步深入挖掘了客户需求。从重模式推出之时到 2019 年，A 公司在全国累计服务了 1 000 多万户家庭。其中，在北京服务了 64 万户，共计 95 万单，169 万人次。北京区域服务总人次中，家政服务 32 万人次，占比 19%；月嫂 18 万人次，占比 10.6%；育婴 17 万人次，占比 10%；养老及陪护 10 万人次，占比 6%；其他一次性服务 92 万人次，占比 54.4%。

2. 服务员端

在服务员端，A 公司 2016 年培训收入 363 万元，客单价 528 元 / 人，2017 年猛增到 1 007 万元，客单价 1 438 元 / 人，2018 年，在培训业务线上开创了国际合作项目，开办了菲律宾家政员培训、日本养老介护培训、澳洲幼教培训、英国皇家管家培训等，共计 300 余人，客单价 6 000 ～ 30 000 元不等，极大地提升了培训收入。

在培训业务收入中，会员费和培训费占比最高，合计约 77%，证书费、住宿餐费、体检费、工服费等贡献了其余 23% 的营业收入（见图 6-3）。

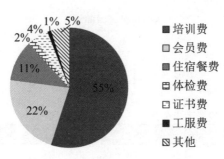

图 6-3　A 公司服务员端收入结构

3. 资本端

A 家政公司打造的全产业链重模式成本很高，包括培训学校和直营店建设租赁成本、人工成本、家政服务用品费用、销售费用、管理费用等。A 公司既要布局线上，也要深耕线下，成本比轻模式阶段高了很多。高峰时期 A 公司仅在北京就开有 70 余家直营店，在除北京外的国内一二线城市布局门店 50 余个。线上 APP 雇用了大批研发人员、运维人员，线下门店则雇用了大量的城市经理、分院校长、管家、培训师等，人力成本明显增加。

在重模式阶段，A 公司的几轮融资发挥了巨大作用（见图 6-4）。2011年 7 月，A 公司获得来自天图资本的 5 000 万元 A 轮投资；2015 年 5 月，获得未披露投资方的 B 轮 1.2 亿元投资；2016 年 1 月，获得碧桂园的 C 轮 2 亿元投资；2016 年 5 月再度获得浙江金控资本的 D 轮投资，金额未披露。另外，A 家政公司也与其他社区服务企业开展了合作。2015 年 12 月，A 公司与洗衣 O2O 平台信恒美袋洗达成战略合作；2016 年 1 月，与家政 O2O 平台阿姨帮展开深度合作。C 轮融资后，投资方碧桂园在社区业务拓展和落地方面为 A 公司提供了许多便利条件。

行业蛋糕如此巨大，在资本加持下，A 公司一路高歌猛进，规模不断扩大。2017 年，全公司已由最初的二三十人发展到 1 500 余人，翻了近 50 倍。

在 A 公司总部的架构中，业务部门有将近 20 个，虽然数量繁多，但能产生利润的并不多。以 2017 年为例，培训收入占公司总收入的 64.21%，远远超过了主营的家政服务业务收入。在众多分、子公司中，能实现盈利仅有几个，绝大多数须依赖总部输血存活。

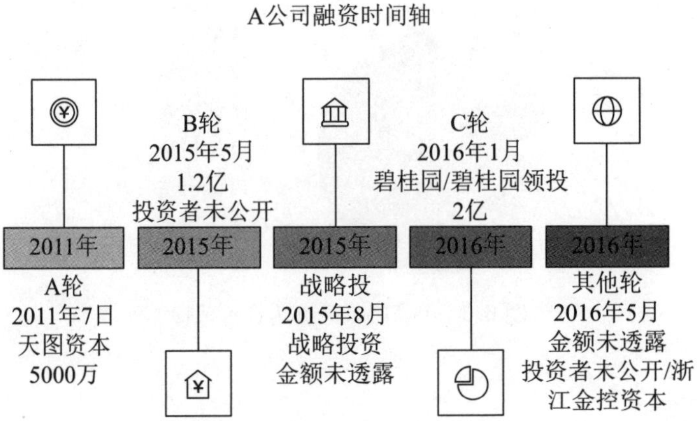

A公司融资时间轴

图6-4　A公司融资历史

6.1.3　3.0"双免"模式动了行业"奶酪"

随着重模式下公司规模不断扩大，营业收入大幅度提升，再加上几轮融资带来的充裕现金流，A公司风光无限。为更快抢占市场、将企业打造上市，2018年，A公司突然宣布"双免"免收家政行业中一直存在的中介费和服务费！

1."中间商"不赚差价

"双免"政策是指客户不需要支付中介费就可以免费选择合适的服务人员，而服务人员上户也不需要缴纳管理费即可领取到全额工资。对传统家政公司来说，中介费和管理费是主要赢利点。A公司推行的"双免"类似360当初推出的免费杀毒，动的是家政行业的"奶酪"，为的就是迅速抢占市场。

"双免"推出后，A公司向外界做出说明，阐述了新政策解决的五个问题。

① 解决了一直以来的价格虚高问题。较高的家政服务价格筑起了一道强硬的消费堡垒，阻挡了家政服务向部分刚需家庭延伸的道路。"双免"行动降低了服务成本，为推动和普及家政服务做出了贡献。

② 让服务人员不再频繁流动。"双免"行动免去了中间商差价，等于雇主直接支付服务员工资，这就成功解决了困扰家政行业许久的私单问题。降低了服务人员找工作的成本，也就避免了家政服务员频繁流动，有利于家政服务企业的人员管理。

③ 推动家政服务质量提升。"双免"免除了管理费，让消费者与服务员之间更阳光更透明。没有中间商赚差价，有利于激发服务人员的工作热情，提高服务质量。

④ 加强客户与服务人员之间的相互了解。享受"双免"政策的客户须预存服务人员一年的工资。预存工资既可以维系服务人员与老客户之间的黏度，又可以对服务人员进行有效管理，减少分散流动性。

⑤ 提升家政行业整体水平。"双免"将淘汰不合规的中小家政企业，倒逼企业升级，改变行业"小、散、弱"现状，促使家政企业由中介型向管理型转变，进而整体提高家政服务行业水平。

2. 供需两端皆免费

1）直接免费

提出"双免"政策之前，A 公司及其他平台型公司一方面向客户收取中介费，一方面向服务人员收取平台管理费，即所谓的"抽成"。有的中介费高达服务员一个月的工资，服务员管理费动辄成百上千。2018 年 2 月 1 日"双免"推出后，直接免除了客户端和服务员端的中介费和管理费。只要客户在 A 公司订购家政服务，预存一年服务人员工资，就可享受新政策，省下一大笔费用，而服务人员也可以拿到全额薪资。

2）间接免费

2018 年 8 月，A 公司旗下的培训业务线推出"培训费返还"系列活动，辅助"双免"推行。除国际课程外，A 公司所有课程均参加该活动。服务人员先行给学校支付全额培训费，学校将培训费分成 6 个月全额返还给服务人员。除培训费外的评级、工服、体检等其他费用则正常收取。

3. 看似繁华的增长

"双免"模式推行后，订单量猛增，客户预存工资大幅增加，极大拉动了 A 公司的现金流水。2018 年，A 公司在全国的延续性订单和单次服务订单的成单总量达到 326 326 单（见表 6-1），远高于 2017 年。以平均每单 3 000 元的中介费估算，2018 年仅延续性订单就免除了 4.98 亿元的中介费。

表 6-1　2018 年 A 公司总订单量

城市	2018 年延续性总订单						2018 年单次服务总订单				订单总量
	保姆	老人陪护	育婴师	月嫂	钟点工	总计	保洁	养老项目	月嫂单次服务	总计	
北京	66 638	9 327	31 021	15 577	19 559	142 122	81 229	2 675	1 533	85 437	227 559
分公司	8 798	2 021	5 489	2 331	5 093	23 732	73 072	1 619	344	75 035	98 767
总计	75 436	11 348	36 510	17 908	24 652	165 854	154 301	4 294	1 877	160 472	326 326

数据来源：A 公司调研资料。

2018 年 8 月，A 公司向媒体透露，除提供家政服务外，A 公司布局的服务员教育培训、营养健康解决方案、金融保险等增值业务，已经占到公司整体收入的 50% 以上。"双免"政策提升了平台的用户黏度，客户和服务员数量爆发式增长，服务员人数达到 200 万人，累计服务家庭客户数量超 1 000 万户[①]。

培训线的业绩同样不俗，政策出台后，一些平常定价较高的课程受到服务人员追捧，有的服务人员甚至抢购了好几个课程，培训业务现金流水大幅提升。"双免"活动当月，A 公司全国培训业务收入就达到 6 300 余万元，在全年中占比 28.07%。[②]

经过"双免"的一番操作，A 公司客户留存率由 2012 年的 5% 提升到 2019 年的 70%，市场占有率稳居前列，业务范围覆盖全国百余座城市，活跃用户量、客户访问量、客户交易额、客户停留时间等均处于行业领先地位，平台内客户数量超过 500 万户，服务人员超过 140 万人，线上平台成交金额从 2012 年的 6 亿元猛增到 2018 年的 80 亿元和 2019 年的 100 亿元。

然而，在营业收入大幅增加的情况下，A 公司的盈利情况却不容乐观。由于业务采用的模式是预存和培训费返还，订单只产生了流水，没有产生实际收入，而销售人员却仍然获得了不菲的奖励提成。A 公司的人工成本、管理成本、运营成本仍然存在，且随着业务扩张而同向增加。2019 年下半年，有舆论报道指出，A 公司预存工资的资金池有风险，培训费分期返还不及时。

---

① 数据来源：2018 年 8 月 15 日北京商报。

② 数据来源：A 公司调研资料。

在扩张比较快的 2018 和 2019 年，由于管理人员短缺，大部分城市的培训学校校长都是从管家团队、培训学校团队选拔出来直接上岗的，这批校长基本没有管理经验，在应对突发事件方面经验和能力不足。

为配合"双兔"政策继续推进，A 公司还提供了小额贷款方案"某某白条"，进一步方便客户和服务员购买服务和课程。虽然各种举措为 A 公司成功地形成了资金池，但并未带来实际收益。"双兔"推行一年后，A 公司发现聚集的客户和服务员大多是冲着既得利益来的，没有了免费蛋糕后，客户和服务员开始渐渐流失。

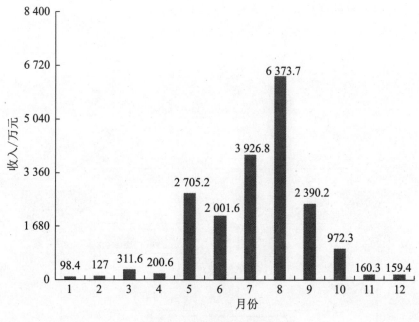

图 6-5　2018 年培训业务收入

6.1.4　4.0"轻 plus 模式"

由于成本大幅提升，缺少新的外部投资，A 公司在 2019 年开始了第四次模式转变。经过轰轰烈烈的"双兔"之后，A 公司试图将平台做轻，希望复制链家到贝壳的转型。

1. 升级回归"轻 plus"

在 F 总看来，当时行业里最棘手的问题是有单无人、有人无单，信息不对称让很多订单不能成功匹配。如果能打造一个高效的将信息对等起来的平台，就能够帮助家政公司解决上述问题。为此，A 公司开始推行家政服务共享平台。与 1.0 轻模式不同的是，这次 A 公司不再直接面对客户，而是仅面对各家政公司。家政公司将有单无人和有人无单的信息汇总到 A 公司共享平台，平台明确订单供应方、服务员供应方、平台方的利益分成，各司其职，三方联手共同完成订单，平台下设的分支机构还可以对家政公司的服务人员进行技能培训、发证考核，提供赋能（见图 6-6）。

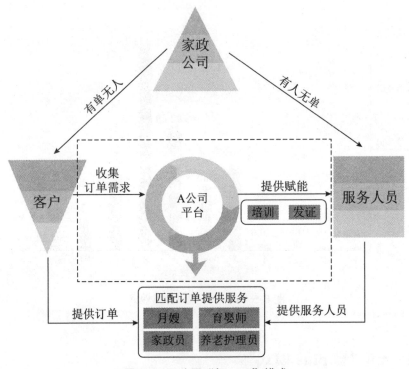

图 6-6 A 公司"轻 plus"模式

为向"轻 plus"模式转型，A 公司采用加盟方式大力推广共享平台。A 公司把多年凝结的企业资源和能力，特别是培训能力，都赋能给了加盟的家政服务公司。为吸引家政企业加盟，A 公司在 2019 年资金链已非常紧张的情况下，仍向家政公司提供了不菲的报酬，承诺家政公司在共享平台每录入一位服务员就可获得 10 元奖励。各家政公司拥有众多的服务员信息，其中不乏"沉睡"服务员，仅仅动动手指头、敲敲键盘，就获得了一笔收入，何乐不为？同时，A 公司还承诺，各加盟公司录入服务员的渠道是永久占有的，以后但凡成单，加盟公司都能拿到录入服务员收入的分成。2019—2020 年，共有将近 1 200 家家政公司加盟 A 公司共享平台。

2.重金邀请明星为品牌代言

为维持行业龙头形象，A 公司在品牌传播上砸下重金。2019 年 6 月，在明星陈某代言期满之后，A 公司邀请到著名笑星贾某正式出任其品牌形象代言人。数以千万元的明星代言费和广告费，让人感到 A 公司在共享平台上孤注一掷。

A 公司还投入重金，在电视剧中植入广告，尝试用新的广告模式影响消费者。在吴奇隆、李小冉主演的电视剧《月嫂先生》中，A 公司狠狠地植入了一把，将 A 公司的"月嫂培训中心""A 公司 APP"等融入剧情中，董事长 F 总还亲自客串了一把培训学校的校长角色，可谓是本色出演。除此之外，A 公司还在一二线城市投放了分众广告、地铁广告、公交车广告等。

3.资金危机爆发

"双兔"模式后，A 公司资金已隐现缺口。为打造"轻 plus"模式共享平台，A 公司又不惜投入重金。然而，共享平台还没有完全运转起来，媒体又曝出 A 公司拖欠员工工资。

据公开资料显示，2016—2020 年，A 公司没有新的融资记录。尽管在这期间 A 公司有多次融资洽谈，但兜兜转转后均无结果。

1）预存透支了现金流

为解决现金流问题，2019 年，A 公司推出预存卡，其优惠力度令人咋舌。1 000 元面值赠送 285 元，3 000 元面值赠送 500 元，5 000 元面值赠送 1 500 元，10 000 元面值赠送 4 000 元，30 000 元面值直接赠送 15 000 元。预存卡可用于除服务人员服务费以外的各种项目消费，例如购买营养产品等。在此优惠政策刺激下，2019 年第一季度，A 公司的财务收入达到了 3 046.39 万元，较 2018 年同期增长近 84%，其中，预存卡销售收入 1 676.7 万元，占比高达 55%（见表6-2）。

表 6-2　2019 年第一季度培训业务财务收入情况

单位：万元

月份	分期收入	现金收入	预存卡支付收入	实际预存卡销售
1 月	142.64	129.44	123.37	27.66
2 月	17.62	58.35	257	74.53
3 月	121.77	53.65	465.87	654.8
合计	282.03	241.44	846.24	1 676.7
总计	1 369.69			
	3 046.39			

由于优惠力度实在太大，不少内部员工纷纷购买预存卡。预存 3 万元的卡，仅通过购买产品就可以赚到 15 000 元，相当于打了个 5 折，何乐而不为？

短时间内，A 公司拥有了大量现金收入，但半买半送的销售产品，几乎都是亏本的。更严重的是，预存提前透支了客户当年的消费需求，在预存卡推出之后很长的一段时间内，客户都在消耗预存卡中的余额，A 公司面临着更为严峻的现金流问题。

2）疫情成为最后一根稻草

在家政行业中，每年春节过后是服务人员返城返工的高峰时期，是一年当中的黄金期，每年二、三月份的收入和流水是家政公司全年营业收入的重头。然而，2020 年初，一场突如其来的疫情打乱了所有人的计划，各行各业按下暂停键，家政服务行业更是倍受冲击。

为了自救，A 公司在原线上 APP 的基础上，开发了线上培训课程，将各个工种所拍摄的教学视频组装成课程在网上售卖，价格从 399 元至 699 元不等。同时，A 公司还与澳洲合作伙伴联合开发了线上幼教课程，借助加盟公司力量进行销售，按比例分成。虽然线上课程创造了一定的营业收入，但对公司整体运营来说，仍是杯水车薪。同年，A 公司举全力拿下了家政服务人员技能等级认定的三方评价资质，得到了人社部批复。但因公司经营问题和工资投诉问题，技能等级认定资质至今仍在市人社局审核中，相关业务无法开展。

在疫情冲击下，2020 年，A 公司员工工资再度滞发，服务员工资缓发，分公司大部分处于停摆状态。一些离职员工和服务人员陆续向法院提请劳动仲裁和强制执行，公司银行账号一度被冻结。同年，董事长 F 总被法院列为失信被执行人。2021 年 12 月，北京东五环常营附近的 A 公司总部暂停营业，至此，家政服务行业的一代巨头，危在旦夕。

6.1.5　败落后的反思

家政服务是公认的高成长行业，尽管行业内存在种种问题，但随着生活水平提高、人口老龄化加速、"二孩""三孩"政策推行，家政服务成为很多家庭的生活刚需，是一个万亿级的市场。家政服务行业从 60 万家企业、2 304 亿元的市场规模，到突破 100 万家企业、9 000 亿元的市场规模，只花了六年时间。每年 25% 的递增速度让众多资本盯住了这一风口。

历经 14 年，A 公司俨然发展成为国内家政行业的头部企业，在规模和品牌效应上位居行业前列。然而，风光背后，实则如履薄冰。

A 公司董事长 F 总几年前曾说：做家政行业就像煲汤，需要慢火细熬，重点在于如何提高服务质量、如何把客户需求做透，A 公司并不会采取融资烧钱的方式来培育市场和用户。然而，A 公司的实际发展路径却显得急于求成，各阶段业务模式的造血能力不足以支撑快速扩张所需的资金支持。不少媒体认为，A 公司经营出现困难，主要归因于花的都是投资人的钱，而为进一步吸引投资，又必须把泡沫继续做大。家政服务本属于微利行业，A 公司提出的"双免"政策属于自废武功。或许 A 公司是想要通过"双免"模式将竞争对手驱逐出场，在行业内跑马圈地，但这种方式违背了行业规律，破坏了行业秩序。最终，对手未被打败，自己却已深陷泥潭。

14 年的发展历史中，A 公司从无到有，从小到大，从无序到有序，确实给家政行业带来了新风：创新的管家模式、标准化的服务人员培训，家政行业国际合作、家政扶贫项目，还为女性提供了大量就业机会。A 公司做了很多实实在在的事，提起这些，不少看着这家企业成长、发展起来的人，不免发出叹息。一些仍在户服务的 A 公司阿姨们看到绿色的工服时会感到五味杂陈。曾经，A 公司让她们在北京有了一个家，那是众多姐妹曾倍感温暖的地方。

6.2　思考题

1. A 公司四个发展阶段的业务系统是如何演进的？内在逻辑是什么？

2. A 公司四个发展阶段的盈利模式是如何演进的？效果如何？

3. A公司具备什么样的关键资源能力?

4. 从商业模式角度分析,A公司运营失败的主要原因是什么?

6.3 分析思路

本案例依据商业模式的分析框架展开,围绕启发思考题,以业务系统、盈利模式、关键资源能力等为理论支撑,旨在剖析A公司的模式迭代,探讨其最终陷入困境的原因。

前文已详述了1.0"轻模式"、2.0"重模式"、3.0"双免模式"、4.0"轻plus模式"的内容,各主要情节分别为业务系统、盈利模式和关键资源能力提供了分析信息,可根据这些信息依次回答思考题1、2、3。在此基础上,将关键资源能力与A公司业务系统进行匹配分析,即可回答思考题4。

案例详细分析思路与步骤如图6-7所示。

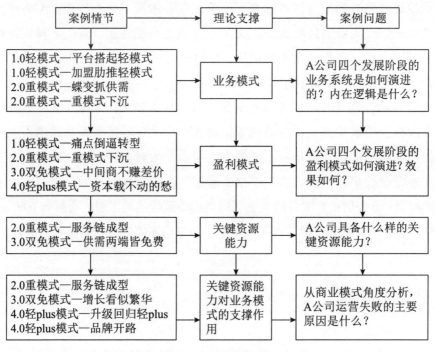

图6-7 案例分析思路图

6.4　理论依据及分析

6.4.1　A 公司四个发展阶段的业务系统是如何演进的？内在逻辑是什么？

理论依据

业务系统是商业模式的核心概念，是指企业达成定位需要涉及的业务活动环节、各内外利益相关者扮演的角色。业务系统由构型、角色与关系三部分组成，对每个部分的不同配置都会影响整个业务系统的价值增值能力。

构型：构型是指利益相关者及其联结方式所形成的网络拓扑结构，是围绕企业定位所建立的一个内外部各方利益相关者进行相关合作的业务系统的价值网络，它明确了客户、供应商和其他合作伙伴影响企业通过商业模式获得价值的过程。

角色：角色是指导从事一个或多个业务活动的利益主体，一般拥有一定的资源能力。一系列业务活动构成的价值网络组成了整个经济体系，而企业是一个由其中部分业务活动构成的集合。

关系：业务系统反映的是企业与内外部各种利益相关者之间的交易关系，构建业务系统首先要确定企业与利益相关者各自分别占据和从事产业链中的哪些业务活动，其次要确定企业与不同利益相关者之间的治理交易关系。

案例分析

A 公司商业模式进行了四次迭代演进，每次迭代演进时，其业务系统中的构型、角色和关系均发生了变化。A 公司的业务系统先后出现了四种主要形态：轻模式、重模式、"双免"模式和"轻 plus"模式。这是 A 公司根据市场变化、行业痛点、自身资源能力进行的适应性变革。在这个演变过程中，A 公司与家政企业、服务人员、客户的交易角色、交易关系不断变化，从最初的纯中介到自营，再到回归针对加盟商的中介，背后逻辑是对价值创造的持续追求。

表 6-3 将 A 公司各阶段业务系统的构型、角色、关系进行了归纳和比较。

表 6-3　A 公司业务系统

模　式	构　型	角　色	关　系
1.0 轻模式	总线型 	少：中介平台	A 公司收集订单供应给家政公司；家政公司提供服务员，完成订单服务
2.0 重模式	环型 	多：供需两端、中介平台	A 公司开拓客户订单，培训、管理服务员，提供服务员上户服务
3.0 "双免" 模式	环型 	多：供需两端、中介平台	A 公司开拓客户订单，培训、管理服务员，提供服务员上户服务
4.0 "轻 plus" 模式	网状型 	少：共享平台	A 公司仅对接家政公司，负责将未成功匹配的订单进行二次匹配

1）1.0 轻模式

第一阶段轻模式的构型为总线型，在客户、家政公司、服务员、平台四者中，A 公司充当纯中介的平台角色，利益相关者间关系简单，业务延线型流程左右双向移动。

A 公司通过互联网、呼叫中心、手机端等渠道获取订单，再将订单分配给家政公司，由家政公司派出服务人员直接上户提供服务。这种模式的优点是清晰简单，便于快速推进业务；缺点是利润来源单一，对服务质量无法把控。正是因为服务人员服务水平良莠不齐，私单现象严重，才促使 A 公司向重模式转型。

2）2.0 重模式

第二阶段重模式的构型为环形。从订单到客户再到服务员，这几个关键关系均由 A 公司自营。A 公司扮演的角色多，形成了产业链闭环。A 公司利用线上线下渠道，同时在客户端和服务员端发力，成立管家部对接客户获取订单，成立培训学校对服务人员进行技能培训，利用平台对订单和服务人员进行匹配。

客户与服务人员两手抓的重模式，解决了轻模式下服务人员的技能标准化问题，提高了订单匹配成功率和续单率。由于重模式从客户和服务员两端双向收取费用，A 公司的营业收入得到大幅提升，发展较快，获得了资本青睐。

3）3.0"双免"模式

第三阶段的"双免"模式，是在重模式基础上进行了盈利模式调整，业务系统的逻辑没有变化，只是在盈利方式上发生了改变。

在资本支持下，A 公司关闭客户端和服务员端两条重要的收入渠道，目的在于快速占领绝对市场份额，暂不考虑短期利润。"双免"模式下锐减的营业收入难以支撑高昂的运营成本，在缺少新的融资情况下，A 公司须进一步降本增效。

4）4.0"轻 plus"模式

第四阶段"轻 plus"模式的构型为网状型。A 公司再次回归到平台角色，供需两端均由家政公司提供。A 公司仅扮演共享平台角色，将各家政公司无法内部匹配的订单进行二次匹配，旨在盘活外部家政公司的订单和服务人员资源。

然而，二次匹配的订单经过各家政公司筛选，业务量有限，且订单质量不高，匹配成功率较低，仍难以支撑 A 公司的日常运营。

综上，A 公司业务系统迭代围绕持续创造价值展开。1.0 的业务系统是基本通畅的，但存在关键弊端。2.0 模式解决了 1.0 模式的缺陷，取得了理想效果。从 2.0 模式向 3.0 模式转型时，业务系统本身虽未发生实质变化，但"双免"的业务本质违背了行业规律，迫使 A 公司向 4.0 模式转型。4.0 模式设计出的业务系统订单量有限，无法继续为企业创造收益。

6.4.2　A 公司的盈利模式是如何演进的？效果如何？

理论依据

盈利模式是商业模式的核心组成部分，包括收入来源和计价方式，是指企业获得收入、分配成本、赚取利润的形式。盈利模式的设计包括三个维度：定向问题，确定企业盈利来源；定性问题，企业通过何种方式获得收入；定量问题，确定产品和服务价格高低。

盈利模式须考虑收入和成本两方面，好的盈利模式应拥有多处收入来源。免费模式是企业快速拓展市场的手段，但免费不是目的，通过免费实现收费才是目的。

案例分析

1）1.0 轻模式

轻模式下，A 公司只有一个盈利点，如图 6-8 所示。

- 成本：订单渠道成本、人力成本、系统开发成本。
- 收入：家政公司支付的订单分成费用。
- 效果：实现盈利，但收入来源单一，总量较小。

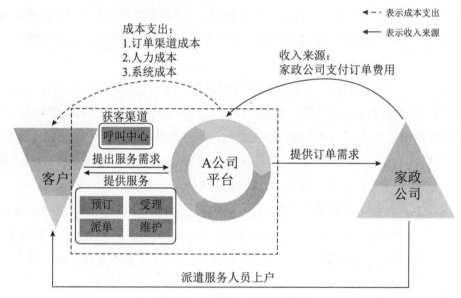

图 6-8　A 公司 1.0 盈利模式

1.0 模式下，A 公司的盈利模式是顺畅的，在创业初期成功实现了盈利。但由于 1.0 模式仅收取家政公司的平台订单分成费，收入来源单一、规模有限，且无法管控服务质量和售后维护，A 公司平台体量很难做大，后劲不足，难以达到较为理想的利润总额。

2）2.0 重模式

如图 6-9 所示，重模式下，A 公司拓展了供需两端业务，增加了多个盈利点。

（1）客户端

盈利点 1　中介费

- 成本：门店租金、人力成本、宣传推广、渠道费、系统开发维护等。
- 收入：向客户收取的中介费，一般为服务人员一个月的工资。

- 效果：得益于对服务员端的质量把控，订单成功率和续单率均有提升，中介费收入快速增加。

盈利点 2　营养产品售卖

- 成本：生产成本、运输成本、储存成本、损耗成本等。

- 收入：销售收入。

- 效果：实际运营中，营养产品大多以客户缴纳会员费或预存一年服务员工资的赠品形式出现，不能单独产生实际的营业收入，且有机果蔬在采摘、运输、仓储等环节损耗较大，盈利效果不佳。

盈利点 3　会员费

- 成本：人力成本。

- 收入：会员费（每年 888 元或 1 998 元）。

- 效果：会员客户可享受中介费打折、免费更换服务员、赠送营养产品等福利，增加了客户黏度，为 A 公司创造了收益。

盈利点 4　家政险

- 成本：保险成本。

- 收入：无；

- 效果：为客户提供安心保障，保费由 A 公司承担，作为客户成功签单的赠品出现，不产生直接收益。

② 服务人员端

盈利点 5　培训费

- 成本：房租水电、人力成本、教材成本。

- 收入：提供技能培训收取的培训费，教材费等。

- 效果：培训费相关收入占服务人员端总收入的 55% 以上，是 A 公司的主要收入来源之一。

盈利点 6　证书费

- 成本：证书成本费、人工费、打印费。

- 收入：培训合格的服务人员缴纳的校内结业证书、评级证书，人社部考核证书等费用。

- 效果：成本低，利润空间大，但总量有限。

盈利点7　服务人员管理费

- 成本：房租、人力成本、食材成本。
- 收入：服务员会员费、住宿费、餐费、上户管理费等。其中上户管理费在服务员上户一个月后给予退还，如服务员挑单不上户，则上户管理费不退，计入公司收入。
- 效果：服务员会员身份享受培训费打折、赠送教材、早期待岗补贴等，增加了服务人员与A公司黏度。服务人员管理费在A公司服务员端收入占比为33%。

盈利点8　工服费、体检费

- 成本：工服采购成本、体检成本。
- 收入：向服务人员收取的工服费和体检费。
- 效果：所有服务员统一管理，统一工服，统一体检，旨在提升品牌形象。工服费和体检费收入总量较低，占服务员端总收入的3%左右。

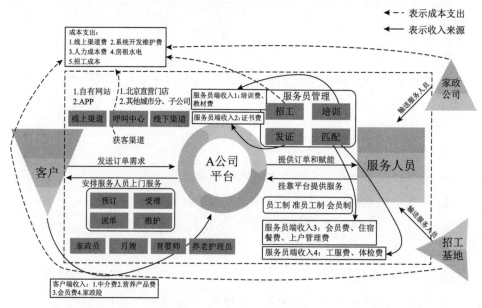

图6-9　A公司2.0盈利模式

　　虽然A公司在重模式下盈利点增加至8个，但是大多数并不创造收益。中介费和培训费占据了总收入的80%以上，其余6个盈利点未创造出规模性营业收入。在重模式下，A公司的运营成本骤增，人力、房租水电等成本是纯平台模式的近 50 倍。除北京外，分布于全国 50 余个城市的大部分分公司的盈利效果并不理想，须靠总部输血运行。

3）3.0 "双免"模式

"双免"模式直接免掉了重模式下贡献了 80% 营业收入的盈利点 1（中介费）、盈利点 3（会员费）、盈利点 5（培训费），可谓自废武功。预存卡大幅优惠可用于购买营养品，相当于变相打折，使盈利点 2（营养产品售卖）愈发亏损。盈利点 4（家政险）本就不产生收益，在业务量暴增的情况下则成本更高。盈利点 6（证书费）、盈利点 7（服务员管理费）、盈利点 8（工服费、体检费）伴随家政服务员数量增加而收入激增，如图 6-10 所示，然而，由于这些业务的体量很小，增加的收入对 A 公司整体运行来说杯水车薪。

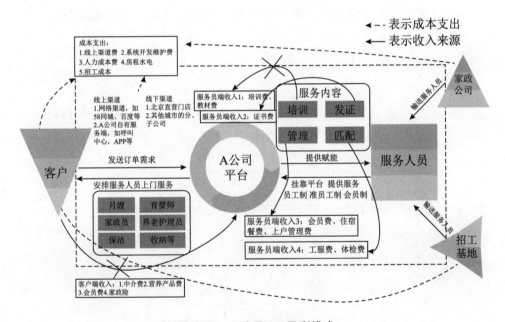

图 6-10 A 公司 3.0 盈利模式

A 公司第三阶段的"双免"模式，主要目的是想在短时间内迅速占领市场，甚至形成行业垄断，吸引资本的进一步投资。然而，3.0 模式下的 A 公司盈利模式由主要向客户和服务员收取中介费和培训费，转变为向投资方索取新的投资，为了免费而免费，而不是为了收费而免费，盈利模式没有跑通。

4）4.0 "轻 plus"模式

在调整至"轻 Plus"模式时，A 公司正处于下坡阶段。连续四年未拿到新的融资，刚刚又经过"双免"这年的大出血，公司资金链岌岌可危，只求断臂求生。如图 6-11 所示，转型到共享平台的业务系统时，A 公司的盈利点只有两个，均只针对家政公司。

盈利点 1　平台的订单分成

- 成本：平台开发、系统维护、人力成本。
- 收入：订单分成。
- 效果：成单量少，分成比例较低，远不足以覆盖运营成本。

盈利点 2　培训、发证收入

- 成本：培训师资成本、培训开发成本。
- 收入：培训费、证书费等。
- 效果：线上培训为主，客单价较低。但人力成本、师资成本较高，入不敷出。

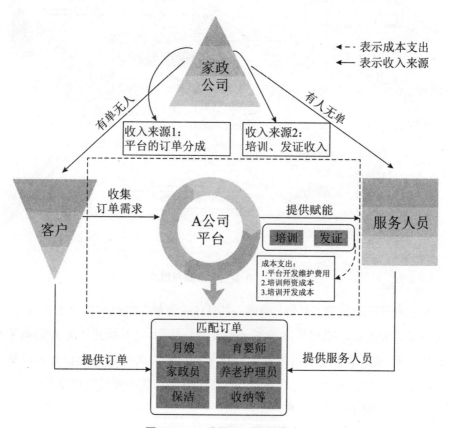

图 6-11　A 公司 4.0 盈利模式

轻"plus 模式"下，公司盈利主要来自平台的订单分成和针对家政公司服务人员技能提升的培训费、证书费等。但由于家政公司留给平台的订单往往都是尾单或问题订单，因此订单数量和质量都不高，匹配成功率很低，创造的收入十分薄弱。此外，受疫情影响，培训业务转移到线上，对服务员的吸引力降低，课程售价大幅下降。A 公司在"轻 plus"阶段入不敷出，盈利模式没有跑通。

综上，A 公司业务系统演进背后的根本原因是盈利模式的不断调整，在前期试图扩大营收渠道迅速占据市场，后期则着力减少成本实现自救。A 公司四个阶段盈利模式的变化如表 6-4 所示。从 1.0 到 4.0 模式，A 公司设计的盈利点数量分别为 1 个、8 个、5 个和 2 个。从盈利能力上看，虽然体量较小，但只有 1.0 模式实现了盈利，其余阶段均未实现盈利。2.0 模式下，A 公司的收入大幅增加，但成本增加更快，业务迅速扩张得益于资本扶持。3.0 模式下 A 公司更加依赖资本而非市场。4.0 模式下，虽然业务流程简洁通畅，但是盈利模式不通，不足以支撑 A 公司之前搭建起来的庞大运营体系。

表 6-4　A 公司盈利模式变化

模　　式	盈利点数量	盈利能力
1.0 轻模式	1 个	盈利模式通畅，盈利点单一，总量有限
2.0 重模式	8 个	盈利模式不通畅，盈利点较多，但只有 3 个点盈利，运营成本较高，主要靠资本支撑
3.0 "双免" 模式	5 个	盈利模式不通畅，主要盈利点被砍，成本增加，入不敷出
4.0 "轻 plus" 模式	2 个	盈利模式不通畅，盈利点较少，总量很小，入不敷出

6.4.3　A 公司具备什么样的关键资源能力？

理论依据

关键资源能力是指让商业模式运转所需要的相对重要的资源能力，是可以支撑整个商业模式生存、发展和壮大的静态资源和动态能力。资源包括金融资源、实物资源、人力资源、信息、无形资源、公司网络、战略不动产等；能力包括组织能力、物资能力、交易能力、知识能力等。经典资源能力学派把资源能力定义为四个维度（VRIO）——价值性（value）、稀缺性（rarity）、难以模仿性（inimitability）、组织性（organization），通过这四个维度可鉴别企业的关键资源能力。

案例分析

从组织能力、物资能力、交易能力、知识能力四个方面对 A 公司具备的资源能力进行 VRIO 四个维度评估，评估结果如表 6-5 所示。

表 6-5　A 公司关键资源能力鉴别

能力类别	A 公司具备的资源能力	价值性	稀缺性	难以模仿性	组织性
组织能力	全国共有百余家分、子公司，1 500 余名员工，在组织协调下能够迅速统一执行总部决策	√	×	×	√
物资能力	五轮融资五亿元，拥有大量客户、服务员，占有一定数量的战略不动产	√	×	×	×
交易能力	以管家服务为抓手的拓客和多业务交易能力，以服务人员培训为抓手的多业务交易能力	√	×	×	√
知识能力	信息交易平台，品牌价值，标准化服务体系，标准化培训体系等	√	√	√	√

1）组织能力

与行业竞争对手相比，A 公司的组织能力较强，能够将全国百余家分、子公司和 1 500 余名员工有机地组织起来，按总部制定的目标和方案统一行动。这样的组织能力是经过长期积累发展出来的，公司管理依靠体系而非个体，具有价值性和组织性。

然而，组织能力与企业规模相关，中大型企业一般都具有优良的组织能力，A 公司的组织能力并不具备明显的稀缺性和难以模仿性，不能成为企业的关键资源能力。

2）物资能力

A 公司在五年间通过五轮融资共获得五亿元，积累了大量客户、服务员，占有一定数量的战略不动产。A 公司的物资能力支撑了企业成长期的高速增长，具有价值性。

然而，资本推动的高速增长具有局限性，是粗放式的增长模式，不具备稀缺性、难以模仿性和组织性。

3）交易能力

A公司创新性地推出了管家服务，深入拓展了客户需求，做到了一户多单，同时推出标准化的服务培训体系，拓展了服务员端的业务种类。拓展出的交易能力以客户和服务员的真实需求为出发点，具有价值性。成套路的业务组合依靠A公司背后强大的管理体系支撑，具有组织性。

然而，A公司各项业务本身并不罕见，业务系统容易被模仿，行业内多数企业均具备此项能力，因此A公司的交易能力不具备稀缺性和难以模仿性。

4）知识能力

A公司自创立伊始就具备自主开发平台系统的能力，业务以平台模式起家，业务平台、交易平台、客户端和服务员端手机APP、用户核心数据等资源均牢牢掌控在自己手中。

A公司在成长过程中，逐步打通了家政服务的全产业链，形成了招工、培训、考核、发证、待岗、匹配、上户、下户、管理、复训等全过程管理。对产业链全过程的深入理解和把控，是A公司的核心知识能力之一，有利于企业管理者站在产业全局的高度做出具有远见的决策。

这些能力是A公司常年积累下来的，难以通过短期复制获取，因此A公司的知识能力具有价值性、稀缺性、难以模仿性和组织性，是企业的关键资源能力。

综上，经过VRIO维度鉴别，A公司四项能力的强弱依次为：知识能力 >组织能力 = 交易能力 > 物资能力。

6.4.4　从商业模式角度分析，A公司运营失败的主要原因是什么？

理论依据

关键资源能力决定了业务系统能否顺利实施，支撑了业务系统和盈利模式的执行。商业模式没有优劣之分，符合企业自身能力条件的业务系统和盈利模式即是最优选择。

商业模式失败的主要原因之一是无法有效执行,与企业现有资源能力不匹配。

案例分析

如表 6-6 所示,A 公司四个阶段的商业模式对企业的关键资源能力要求各不相同。

1)1.0 轻模式

1.0 轻模式中,企业扮演的主要为平台角色,对企业的物资能力和交易能力要求不高,对组织能力和知识能力要求较强。在此模式下,要求企业依据自身知识能力,组织开发出满足客户需求和家政公司需求的平台系统,做到信息互通有无。A 公司具备较强的知识能力和中等的组织能力,支撑了轻模式运行。在创业初期,1.0 轻模式运行基本成功。

2)2.0 重模式

2.0 重模式打通了家政服务的全产业链,对产业链中各环节均提出了较高要求,对企业关键资源能力的要求是全方位的,包括组织能力、物资能力、交易能力和知识能力。

A 公司具有较强的知识能力,中等的组织能力和交易能力。在此阶段,A 公司获得了多轮融资,物资能力虽不属于关键资源能力,但也能处于中等水平。A 公司的四项能力勉强能够支撑住 2.0 重模式的运行,企业发展增速较快。

因企业关键资源能力支撑程度不扎实,此阶段 A 公司应借助充沛的物资能力,着重加强组织能力和交易能力,弥补物资能力的短板。如坚持提升管理、精益化运营,即有可能实现降本增效,将 2.0 重模式跑通。

然而,A 公司此时却在资本的加持下选择了快速冒进,没有着力弥补能力短板,而是选择继续拓展市场。

3)3.0"双免"模式

3.0"双免"模式与 2.0 重模式一样,对企业的能力要求是全方位的,包括组织能力、物资能力、交易能力和知识能力。与 2.0 模式不同,由于推出了"双免"政策,A 公司 80% 以上的营业收入被砍,又难以获得新的投资,原本属于中等程度的物资能力降至较低程度。同时,"双免"降低了企业交易能力,为了免费而免费,而没有衍生出免费后的收费能力。在此双重作用下,A 公司的关键资源能力与该阶段的商业模式要求愈加不匹配。

4）4.0"轻 Plus"模式

4.0"轻 plus"模式是在 3.0 模式受阻的情况下，A 公司企图断臂求生，舍弃线下业务，打造线上共享平台以迅速降低成本的决策。该模式不同于 1.0 模式，除对组织能力和知识能力有要求外，对交易能力也有较高要求。此阶段 A 公司须让营业收入得到一定程度的稳固，以阻止企业发展下行。

然而，4.0 模式下，A 公司仅保留了与家政公司"有单无人"和"有人无单"的业务合作，业务数量和业务质量大幅下降，实际成交率很低，A 公司的交易能力降至较弱水平，难以支撑 4.0"轻 plus"模式的运行。

表 6-6　A 公司四个阶段商业模式对企业资源能力的要求

	1.0 轻模式	2.0 重模式	3.0 "双免" 模式	4.0 "轻 Plus" 模式
组织能力	√	√	√	√
物资能力	×	√	√	×
交易能力	×	√	√	√
知识能力	√	√	√	√

综上，A 公司之所以运营失败，主要原因在于其选择的商业模式与自身关键资源能力不匹配。整体而言，A 公司四个阶段商业模式的演进不是依据自身关键资源能力展开的，而是以盲目追求市场机会为导向的。

在 1.0 和 2.0 阶段，尽管面临各种问题，但 A 公司的商业模式基本通畅，此时应以提升自身能力、巩固商业模式运行为主。3.0 和 4.0 阶段，A 公司的商业模式进行迭代时，不仅没有弥补自身能力的短板，部分关键资源能力的强度还出现了下降态势，更难以支撑此阶段商业模式的顺利运行。

6.5　关键要点及总结

6.5.1　A 家政公司战略决策失败的表现形式

A 家政公司战略决策失败的表现形式如下：

■ **盲目跟随型决策：** A 家政公司以市场为导向，依据市场中已有但尚未做大做强的模式为基础进行了四次迭代调整。这些调整仅考虑了市场机会，而没有充分考虑企业自身的资源和能力，导致两者不匹配，难以实现预期效果。

■ 无用创新型决策：A家政公司的3.0和4.0模式属于为了创新而创新，不符合行业基本规律。

■ 战略摇摆型决策：A家政公司的4.0模式与1.0模式有一定的区别，但整体而言，从1.0到4.0经历了"轻—重—轻"的循环。2.0模式虽然在短期内没有实现规模性盈利，但逻辑是通畅的，如选择坚持提升管理、提升运行效率，具备将2.0模式跑通的可能性。但A家政公司选择了在资本支持下冒进，战略定力不足。

6.5.2　A家政公司战略决策失败的理论依据

① 商业模式主要包括业务系统和盈利模式两个部分，业务系统描述了企业的业务流程，盈利模式则在业务系统的基础上鉴别出营业收入的来源和成本支出的去向。

② 关键资源能力决定了商业模式是否可以成功。成功的商业模式须"跑通"，即能够产生正向的收益。商业模式不一定复杂，良好的商业模式往往简单清晰、易于操作。商业模式本身很容易被复制，但能否将商业模式"跑通"则取决于企业本身。盲目模仿其他企业的成功模式并不可取，须结合自身企业的资源与能力，设计符合自身条件的商业模式。

A家政公司战略决策之所以失败，主要原因在于业务系统和盈利模式整体没有"跑通"，其背后的原因是企业关键资源能力不足，没有依据企业自身条件设计商业模式。

第 7 章

企业战略决策失败的共性原因及启示

　　失败是一个过程，而不仅是一个结果。本书中分析的各战略决策失败的企业，均在决策过程中出现了偏差，导致最终失败。这些企业失败的共性基因，是企业管理后来者的养料。

　　企业不可能仅靠一个创意或者一个机会取得成功，战略管理是一门科学，有其内在的科学逻辑和分析框架。本章将重点阐述战略的本质和类别，归纳战略决策失败案例企业的共性表现，以理论为基础总结其失败的共性原因，指出战略决策须思考的关键问题，提出失败案例对战略管理者的启示。

7.1　战略的本质

　　追本溯源，战略一词来自军事战争。《孙子兵法》开篇即述："兵者，国之大事，死生之地，存亡之道，不可不察也。"英文中战略——strategy——一词源自古希腊语 strategos，特指战争的艺术或将军指挥战争的艺术。

　　《现代汉语词典》（第 7 版）对战略一词的释义为：①指导战争全局的计划和策略。②泛指决定全局的策略。

古今中外的著名战略大师从不同角度对战略管理进行了多种阐述。毛泽东主席指出："战略问题是研究战争全局的规律的东西。"罗伯特·M.格兰特明确指出，战略就是关于赢，战略是运用资源建立优势地位的总体计划。R.杜安·爱尔兰认为战略是设计用来开发核心竞争力、获取竞争优势的一系列综合的、协调的约定和行动。费雷德·R.戴维将战略定义为一门关于制定、实施和评价使组织能够实现其目标的跨功能决策的艺术与科学。

纵观古今中外对战略的经典定义，可以总结出几个高频率的关键词：目标、计划、全局、竞争、资源、优势、行动、规律。虽然前述各种定义对战略的诠释角度不同，但主要内容基本集中在这八个关键词上。而这八个关键词，恰恰构成了战略管理的基本分析框架。

"目标"反映了组织的使命和愿景，是组织存在的价值和意义；"计划"对应战略制定和选择，是组织发展的方案；"全局"表明组织需要充分了解和分析所处的外部环境，明确所处的"大势"；"竞争"是战略的核心要素，通过分析竞争对手进而明确自身所处的地位；"资源"诠释为组织自身能够调动和掌控的各种有形及无形的资源和能力，对现阶段战略制定和实施起到支撑作用；"优势"是与竞争对手相比的，是依据自身资源和能力凝练出的核心竞争力；"行动"对应战略实施，是实现战略目标的关键步骤；"规律"说明战略管理是一门科学，具有内在逻辑，需要组织学习和遵循。

商场如战场，竞争残酷而激烈。战略具有竞争性和不确定性，要求组织在不断变化的环境中形成竞争优势，以强攻弱，避免以弱攻强。战略强调"以强攻弱"，集中己方最大的优势力量针对竞争对手最薄弱的环节进行降维打击，杀鸡要用牛刀。"以弱胜强""以少胜多"的战例属"奇招"，在大多数的实践中是不现实的。成功的经典案例本质上是己方在整体实力不占优势的情况下，在局部领域对竞争者形成"以强攻弱""以多打少"的局面。

由此，结合战略管理的关键词，本书将企业战略定义为：在商业中，旨在获取竞争优势、实现可持续卓越绩效的谋篇布局。

为获得竞争优势，战略分析须涵盖以下内容：使命愿景价值观、外部环境分析、竞争分析、内部资源能力分析、核心竞争力鉴别、战略选择、战略实施。

7.2　企业战略的类别

如图 7-1 所示，企业战略分为公司层战略、经营层战略和职能层战略，按顺序前者对后者依次起约束作用，而后者对前者起支持作用。

公司层战略包括发展战略、稳定战略、收缩战略，用于指引企业的宏观发展方向。经营层战略又称竞争战略，是战略管理研究的重点。依据波特的分类，竞争战略分为成本领先战略、差异化战略和聚焦战略。在这三类的基础上，又延伸出蓝海战略、创新战略、一体化战略、多元化战略、国际化战略等，这些战略的目的均为在竞争中获取竞争优势。职能层战略依据各职能部门分为生产运营战略、人力资源战略、研发战略、品牌战略、采购战略、财务战略等。

竞争战略是战略管理关注的主要类别，从名称中就可以看出，竞争战略的重点与企业战略的定义相辅相成，重点研究如何在与竞争对手的抗衡中获取竞争优势，实现可持续的卓越绩效。

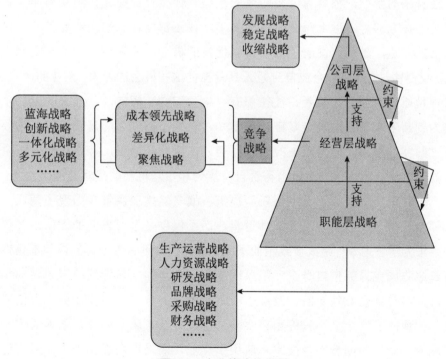

图 7-1　企业战略的类别

7.3 案例企业决策失败的共性表现和原因

7.3.1 案例企业战略决策失败的共性表现

表 7-1 总结了五家案例企业战略决策失败的表现形式。每家案例企业均同时存在多种决策失败的表现形式，经简单统计，五家企业中，机会导向型决策出现三次，固守经验型决策出现三次，盲目跟随型决策出现两次，无用创新型决策出现两次，战略摇摆型决策出现两次，感性冲动型决策出现四次。

从统计数字中可以看出，感性冲动型决策出现的次数最多。决策应当建立在理性分析的基础上，然而做决策的人，恰恰是感性动物。很多失败的决策是凭经验、凭感觉，甚至是凭情绪做出的，缺少客观理性的系统分析，容易导致战略决策片面、失真，成功率较低。

机会导向型决策和固守经验型决策出现了三次，位居第二。由于企业的逐利属性，天然具有"扑机会"的基因和冲动。特别是进入发展瓶颈或尚未站住脚跟的企业，很容易做出跟风的决策。什么行业赚钱、利润率高，企业就马上往上靠。"世上赚钱的机会多了，钱还都能让一家企业赚了？"这句通俗的表达，深刻地说明了很多看似优良的机会，实际上企业不一定能够得到、咬得住，关键要看企业自身是否具备抓住这些机会的能力。企业的决策者，特别是成功企业的决策者，往往都有"自我陶醉"倾向，以过去的成功经验作为判断未来事物的决策基础。殊不知，未来不在过去的延长线上，需要具备"归零"心态，抛弃原来的成功经验，在新的环境下，客观理性分析企业所处的内外部环境，进而做出符合自身能力和市场机会的战略选择。

盲目跟随型决策、无用创新型决策、战略摇摆型决策各出现了两次。向头部企业学习，需要学习其成功逻辑，而不仅仅是学习表面的做法。"要不要向华为学管理？"绝大多数企业不应该学，因为不具有华为的内外部条件。盲目照猫画虎只能使自身企业陷入困惑。要向华为学习管理的逻辑，向华为学习其与自身企业处于同一发展阶段时所做出的决策，这往往更具有借鉴意义。创新的准确定义不只停留在"新"上，"新"属于创造，创新的定义应拓展为"新"的创造能否被实际应用于产业，满足市场真实需求，且创造利润。从这个角度思考，创新的前提大量扎实的市场调研。战略，不仅是要决策做什么，更重要的是决策不做什么。如果战略制定比重是 20%，战略执行比重就是 80%。很多成功的企业是在没有选择的情况下被逼出来的。选择越多，越容易纠结、迷茫，陷入决策困境。在面临重大危机或机遇时，战略管理者要理性客观地进行分析和梳理，而做出合理的决策后，要坚定决策方向，坚定执行，避免顾此失彼，摇摆不定。

表 7-1 案例企业战略决策失败的共性表现和共性理论依据

案　　例	表 现 类 型	理 论 依 据
汇源果汁	机会导向型决策 固守经验型决策 盲目跟随型决策 感性冲动型决策	多元化战略 资源与能力支撑
A 乳业公司	机会导向型决策 固守经验型决策 战略摇摆型决策 感性冲动型决策	战略转型 资源与能力支撑
A 渔业公司	固守经验型决策 感性冲动型决策	多元化战略 资源与能力支撑
美亚汽车	机会导向型决策 无用创新型决策 感性冲动型决策	多元化战略 资源与能力支撑
A 家政公司	盲目跟随型决策 无用创新型决策 战略摇摆型决策	商业模式 资源与能力支撑

7.3.2　案例企业战略决策失败的共性理论依据

在这五家企业的案例中，涉及多元化战略理论的案例占了三个，涉及战略转型理论的有一个，涉及商业模式理论的有一个，而所有案例的理论基础中都涉及企业的资源和能力支撑。

分析这些失败案例企业可发现，它们的决策依据的战略逻辑不通畅。各案例企业制定决策时，没有对使命愿景、外部环境分析、竞争分析、内部资源能力进行有机梳理，也没有在系统分析上述各部分内容后做出理性客观的战略选择。各案例企业均只考虑其中的某一部分或某几部分就选择了战略方向，导致出现了决策偏差。

多元化战略、战略转型、调整商业模式都是企业战略决策的常见选项。在主营业务发展遇到瓶颈或出现明显的外部市场机会时，企业很容易对既有战略做出调整，以适应内外部的环境变化。

环境变化有两个方向——以自身能力为基础的由内向外的变化和以外部市场变化为引导的由外向内的变化。前一方向的典型代表是 A 渔业公司，而其他四家则属于后一方向。

由内向外的变化需要符合市场的需求，A 渔业公司失败的主要原因在于内部资源和能力在向外延展时不能够与外部环境相契合。同理，由外向内的变化则需要内部资源和能力及时调整和发展，以适应新的外部条件，而除 A 渔业公司外的四家企业均未能够及时培养和发展自身能力，导致其原有资源和能力与新选择的战略无法完全契合。

基于企业资源和能力提升核心竞争力有三种途径：①现有企业内部挖掘；②招聘和吸引优秀人才；③寻求外部合作。这三种方式的获取速度和稳定性不同。通过内部挖掘获得的核心竞争力最为稳定，而过程一般较长；通过外部合作获取核心竞争力的速度最快，但最不稳定，亦有快速丧失的风险。招聘和吸引优秀人才的效果在稳定性和速度方面介于另两种方法之间。企业需依据自身的竞争形势选择核心竞争力提升的途径。无论选择哪种方式，都需注重对自身核心竞争力的持续鉴别和提升，使其逐渐发展成为企业的基因，进而形成战略竞争力。

7.4 战略决策的关键要点

7.4.1 顺畅的战略决策逻辑

战略决策须按照战略管理的分析框架依次展开，各分析框架的结论之间应具有清晰顺畅的逻辑关系，并能逐步推导出最终选择的战略（见图 7-2）。

战略管理包括战略制定和战略执行两个部分。在战略制定环节，须依据企业的使命和愿景对是否进入目标市场进行判断。确定计划进入目标市场后，首先要对企业所处的内外部环境做系统分析。

外部环境分析的目的是鉴别市场中存在的机会，竞争分析旨在判断此机会市场的竞争强度，内部资源和能力分析则用于剖析企业自身能否抓住该机会。核心竞争力是内部资源能力分析的重要组成部分，决定了自身企业与竞争对手间的竞争态势。经分析，如企业自身核心竞争力强于竞争对手，并能抓住针对外部环境分析出的市场机会，则可进一步选择适合的战略。

竞争战略是战略管理的核心部分，一般分为成本领先战略、差异化战略和聚焦战略。在此三种一般竞争战略的基础上，又衍生出蓝海战略、创新战略、一体化战略、多元化战略、国际化战略等。决策者要做出明确的单一战略选择，一般不要同时选择多种竞争战略，以避免各竞争战略在执行中相互冲突。

做出战略选择后，企业须调动相应资源，确保所选战略得到有效执行。在执行过程中，应实时客观评估执行效果，以及时调整和优化既定战略。

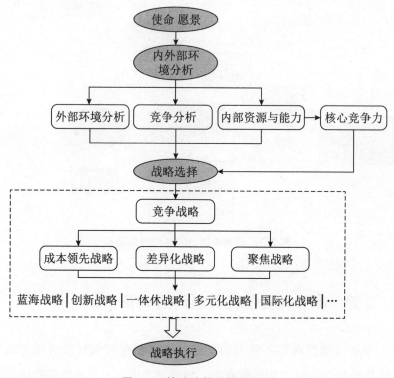

图 7-2　战略决策的逻辑关系

7.4.2 资源与能力的迭代升级

企业的资源和能力是制定战略的基本要素，由资源、能力、核心竞争力、竞争优势、战略竞争力五部分组成。这五部分所涵盖的内容由前到后依次变少，逐步凝练，而体现的企业竞争实力依次升高。图7-3描述了企业内部资源和能力的升级路径。

资源是能力的来源，一部分能力可以发展为核心竞争力，一些核心竞争力可能发展为企业的竞争优势，进而形成企业的战略竞争力。其中，资源、能力和核心竞争力是构成企业竞争优势的基础，是内部环境分析的重点。

战略制定者应了解企业自身资源和能力的结合，寻求符合自身实际情况的突破口，持续打造核心竞争力，提升"段位"，以独特的"一招鲜"形成战略竞争力，创造市场价值。

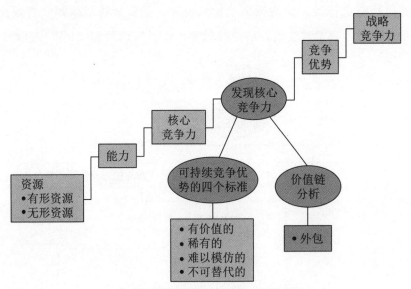

图 7-3　资源与能力的迭代升级路径

7.4.3 资源、能力和竞争优势之间的关系

任何企业战略都离不开能力的支撑，战略制定和执行能否成功取决于其所选择的战略与企业能力的匹配程度。如图7-4所示，企业将各种资源整合、

发展为组织能力，组织能力对战略起到支持作用。只有当企业所选择的战略符合行业成功的关键要素，且组织能力能支撑这种战略时，企业才能获取竞争优势，达到所选战略的效果。

　　企业战略之所以失败，一方面是所选择的战略与行业成功要素不匹配，另一方面则是"眼高手低"，自身的组织能力与所选战略存在差距，战略执行无法达到设定效果，因此难以获取预想中的竞争优势。

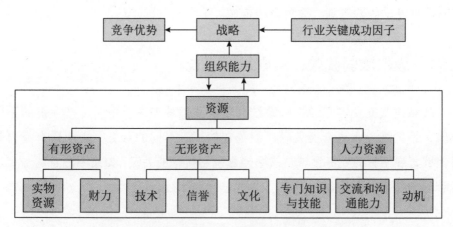

图 7-4　组织的资源、能力和竞争优势之间的关系

7.5　战略决策失败案例的启示

　　战略管理是基于问题导向进行具有科学逻辑的系统分析，旨在使组织在竞争中获取优势，进而达到组织目标。本书系统描述和剖析了案例企业战略决策失败的过程和原因，对战略管理者具有一定的借鉴意义。

7.5.1　企业犯错不分业绩好坏与性质，须时刻提高警惕

　　在业绩表现方面，汇源果汁、A 渔业公司、A 家政公司一度在行业中属于遥遥领先的头部企业，A 乳业公司创业五年就实现上市，是业内知名优质企业，美亚汽车虽然经营一般，但在皮卡领域也有一定的基础和知名度。企业性质方面，五家企业有两家为国企，三家为民企。

不仅中小企业容易犯错，大企业仍然会犯低级错误，因为企业犯错具有共性。因此，战略管理者应当深入学习失败企业的经验教训，时刻保持警惕，避免犯同类型的错误。

当局者迷，旁观者清。部分学习者会认为自己不会犯前述决策者的错误，但在企业实践中，决策者往往一错再错。失败的逻辑具有共性，前车之鉴是惨痛损失换来的宝贵经验。后来的决策者，应抱有"归零"的开放心态，认真吸取前辈的经验教训，避免重蹈覆辙。

7.5.2　貌似敌弱我强，实则以短击长

战略决策需要客观理性的系统分析，虽然从表面上来看，产业链的不同环节、不同细分市场有所关联，但是它们属于不同的业务。企业原有能力是否能够延展至新的业务领域是战略能否顺利执行的关键，如果不注意这一点，就容易把红海当作蓝海。

7.5.3　知人者智，知己者明

核心竞争力是业务延展和所有业务层战略的基础支撑。企业管理者不仅要对主要竞争对手知根知底，更需要对自己的资源、能力、优劣势有清晰客观的认知。企业管理者习惯于过度夸大或贬低竞争对手实力或自身能力，实事求是的内外部环境分析是制定合理的战略决策的前提条件。

7.5.4　结硬寨，打呆仗

守正出奇，以正合，以奇胜。这里的"奇"不是奇招，而是"奇兵"，是在两军对垒处于战斗胶着状态时，在适当的时机将后备兵力投入到适当的地点，将"正"打造得更强。从长期来看，基业长青的企业靠的不是"取巧"，而是靠扎扎实实、一步步凝练与积累出的能力，最终形成碾压竞争对手的战略竞争力。

7.5.5 战略决策者心胸要开阔

本书分析的案例企业在战略决策失误后的不同阶段均有挽救的机会，但均没有做出及时调整。这与战略决策者惧怕前期投入，不能正视沉没成本，缺少自我否定的勇气有关。经营数据、市场调研结果是决策效果的客观体现。战略决策者须放下身段，开阔心胸，容许批评、质疑，容许犯错误，这样才能及时发现问题，及时纠正，避免错误扩大到难以挽回的地步。

7.5.6 基础理论是战略决策的基础

从时间轴上看，市场实践一定早于管理理论。理论是对实践现象规律的总结和提升。基础理论具有普适性，是战略决策的一般规律。战略决策者应在依靠朴素逻辑决策的基础上，转向依靠战略逻辑进行决策。战略逻辑能保证决策通畅，能够确保所制定的战略没有低级错误，从而提高决策成功率。

参考文献

[1] 查尔斯·W.L.希尔，加雷斯·R.琼斯.战略管理：概念与案例（第 10 版）[M].北京：机械工业出版社，2019:70-71，272-273，285.

[2] 迈克尔·A.希特.战略管理：竞争与全球化 [M].北京：机械工业出版社，2019:127-133.

[3] 弗雷德·R.戴维.战略管理：概念与案例（第 13 版）[M].北京：中国人民大学出版社，2012:129-132.

[4] C. K. PRAHALD，GARY HAMEL. The Core Competence of the Corporation[J]. Havard Business Review. May-June，1990.

[5] PORTER M. E. Competitive Advantage: Creating and Sustaining Superior Performance[M]. New York: Free Press，1980.

[6] 迈克尔·希特，R.杜安·爱尔兰，罗伯特·霍斯.战略管理：概念与案例（第 12 版）[M].北京：中国人民大学出版社，2017.

[7] 陈志军、张雷等.企业战略管理 [M].北京：中国人民大学出版社，2016.